# PROCÈS DE LOUIS XVI

## RÔLE EXACT

### DE

# PARDOUX BORDAS-DARNET

Réplique du Buste de Pardoux Bordas
par Houdon

En plâtre teinté et de grandeur nature, il a été acquis au prix de 20.700 francs en vente publique, à Paris, le 25 février 1921, par l'antiquaire M. Lazare Rappeport (Voir le *Bulletin de l'Art Ancien et Moderne*, numéro du 10 mars 1921, page 39).

*Ce buste non daté doit appartenir à l'époque du Directoire.*

Pardoux Bordas se drape dans l'accoutrement théâtral des Cinq Cents. Des tresses, nouées par des olives, agrafent sur ses épaules un manteau brodé de palmes d'or (Voir *Gazette des Beaux-Arts*, juillet-août 1924, page 74).

Georges **LACOULOUMÈRE**

# PROCÈS DE LOUIS XVI

## RÔLE EXACT

### DE

# PARDOUX BORDAS-DARNET

LÉGISLATEUR,
ANCIEN AVOCAT, ANCIEN SÉNÉCHAL,
PREMIER PRÉSIDENT DU TRIBUNAL ET PREMIER DÉPUTÉ DE SAINT-YRIEIX,
MEMBRE DE LA CONVENTION NATIONALE,
MEMBRE DU CONSEIL DES CINQ-CENTS,
PRÉSIDENT DU CONSEIL DES ANCIENS,
MEMBRE DE L'ACADÉMIE DE LÉGISLATION,
CHEF DE L'ORGANISATION JUDICIAIRE EN FRANCE,
DÉLÉGUÉ EXTRAORDINAIRE DU DÉPARTEMENT DE LA HAUTE-VIENNE EN 1815,
CHEVALIER DE LA LÉGION D'HONNEUR.

## Préface de Jacques BAINVILLE

**PARIS**
LIBRAIRIE GÉNÉRALE DE DROIT ET DE JURISPRUDENCE
**R. PICHON** ET **R. DURAND-AUZIAS**, ADMINISTRATEURS
20, RUE SOUFFLOT (5e ARRᵗ)

1927

# PRÉFACE

*Pour mieux faire comprendre les grands événements histo-
riques rien ne vaut, une étude particulière, une monographie
complète et sérieuse. C'était le principe que recommandait Sainte-
Beuve. C'était la méthode qu'il pratiquait. Il étudiait une figure
qui lui était donnée par l'histoire, et le plus souvent, de préférence, une figure de second plan. Puis, tout en retraçant la vie,
tout en dessinant le portrait de son personnage, il projetait la
lumière sur une époque, il en expliquait la psychologie et, par
elle, le mécanisme souvent obscur.*

*Je suis certain que Sainte-Beuve eût beaucoup goûté l'étude
de M. Georges Lacouloumère sur le conventionnel Bordas. Je
suis certain aussi que Taine eût recouru à cette étude et l'eût
citée dans les notes des* Origines de la France contemporaine.
*Il y eut vu ce que nous devons y voir : une contribution précieuse
à la « psychologie du jacobin ».*

*L'intérêt puissant de cette biographie, dont tous les éléments
s'appuient sur des pièces d'archives singulièrement vivantes, est*

*de nous montrer comment un homme paisible et même un brave homme comme Bordas put succomber un moment à la fureur démagogique. Il y a quelque chose qui éclaire admirablement la marche et le cours de la Révolution, depuis l'enthousiasme de 1789 jusqu'au paroxysme de la Terreur, après quoi, le calme étant revenu dans les esprits, les plus fougueux terroristes devinrent de paisibles fonctionnaires de l'administration napoléonienne.*

*Au mois de juin 1793, Bordas lançait à l'usage de ses commettants un manifeste où on lisait ceci « Les prêtres, les nobles d'autrefois et les bourgeois ne formaient dans la ville de Saint-Yrieix qu'une seule et même famille. C'était par les prêtres que les bourgeois s'alliaient à la noblesse. Ainsi réunis ils ne pouvaient plus offrir que le même intérêt et le même esprit. Et quel esprit pour le siècle de l'égalité ! ... Quel esprit pour le siècle de la philosophie ! ... ».*

*Plus loin, on lit encore ces lignes non moins caractéristiques : « Eveillez-vous, citoyens, si vous voulez arrêter et détruire dans son principe, le nouveau despotisme bourgeois qui cherche à s'élever sur les ruines des deux premiers ».*

*Ce langage bolcheviste n'est-il pas un trait lumineux dans cette histoire de la Révolution où la bourgeoisie, d'abord victorieuse, ne tarda pas à être dépassée pour reprendre l'avantage plus tard? ... Le processus démagogique de l'époque révolutionnaire est peint là en traits d'une précision clinique.*

*Pourtant, nous l'avons déjà dit, Bordas n'était pas méchant. Il avait succombé à l'entraînement général. Il paya cher cette faiblesse et la fin de sa vie fut dramatique. Il faut lire, sur les pièces éloquentes qui en forment la trame sûre et continue, ce roman d'un conventionnel pour prendre, par un cas saisissant, une idée juste de quarante ans de notre histoire, quarante ans agités et pleins d'obscures tragédies.*

Jacques BAINVILLE.

Saint-Yrieix-la-Perche, le 30 septembre 1926.

**J**E fais dédicace de ces pages à la mémoire de M. A. FRAY-FOURNIER, chevalier de la Légion d'honneur, décédé à Limoges le 7 septembre 1925, puisque, pour sa part, il en avait conçu et tracé les grandes lignes depuis déjà bien des années avant mon arrivée à Saint-Yrieix.

De mon côté, j'avais été assez heureux pour trouver, sur place et dans la région, ou à Paris, quantité de documents généralement inconnus, ou absolument inédits.

C'est ainsi que, quelques semaines avant la mort de ce très érudit historien de la période révolutionnaire en Limousin, nous venions de grouper, de classer et de fusionner tous les résultats de nos patientes recherches et multiples investigations, aux fins d'écrire ensemble la biographie historique du grand Conventionnel et Législateur Arédien, Pardoux BORDAS.

Le plan définitif de notre travail, très complet, était arrêté... Hélas ! j'ai dû procéder seul à sa réalisation.

Que tous ceux qui, si obligeamment, ont bien voulu mettre à ma disposition leurs archives familiales ou leurs bibliothèques particulières, reçoivent ici, à nouveau, l'assurance très sincère de toute ma gratitude.

GEORGES LACOULOUMÈRE,
Sous-Préfet de Saint-Yrieix.

# EXTRAIT

## d'un registre des actes de baptêmes
## de la Paroisse de Moutiers en la Ville de Saint-Yrieix

« Le quinze Octobre mil sept cent quarante-huit, en l'Eglise
« Paroissiale du Moutiers de la Ville de Saint-Yrieix, a été
« baptisé par nous, curé soussigné, Pardoux, Fils de Louis
« Bordas, cordonnier, et de Marguerite Meyzie, sa femme,
« habitants du faubourg de la Foire, lequel étant né le jour
« précédent.

« Le parrain a été Pardoux Meyzie qui a signé avec nous
« et la mareine Frontône Bordas qui n'a su signer de ce
« requise.

Signé : « FARGEAUD, curé du Moutiers,
MEYZIE. »

3

# BIOGRAPHIE

D'ORIGINE plébéienne, Pardoux BORDAS est né à Saint-
Yrieix le 14 octobre 1748. dans la maison située
« Place de la Foire », où est organisé actuellement le restaurant Fayolle, au début de la rue qui porte désormais son
nom.

Il dut à l'aisance relative dans laquelle se trouvait sa
famille de pouvoir poursuivre ses études, en vue de son
admission au Barreau.

Il bénéficiait, en effet, dès son bas âge, de l'intérêt même
pécuniaire que lui portait son voisin, le Marquis de la Grange,
gentilhomme fortuné et célibataire, qui habitait généralement
Paris et ne venait en Limousin que pour y chasser, ayant fait
édifier sa demeure à Saint-Yrieix, dans l'immeuble actuellement occupé par l'horlogerie Lassagne, mitoyen de la maison
familiale des BORDAS.

Le Marquis de la Grange qui, souvent, ajoutait à son nom
le titre de sa terre « de la CHABRELY », près de Saint-Yrieix,
était le frère du Chanoine de la Collégiale et qui fut, plus tard,
déporté à Aix.

Le père de Pardoux BORDAS, bien qu'artisan, fut Consul de

la Ville de Saint-Yrieix, dans les premières années du règne de Louis XVI.

Il habitait le faubourg de « la Loue », quand il décédait le 4 septembre 1768 à l'âge de 42 ans.

D'après le registre des sépultures de cette époque, le Curé du Moutiers, le Chanoine Bauve, énonce que le corps de Louis Bordas, maître cordonnier, fut inhumé dans la Chapelle des Pénitents de la Ville de Saint-Yrieix « avec les cérémonies accoutumées et en présence de Jean Bargex et de David Vexière ».

Pardoux Bordas fut élève de la « Préceptorale », école située dans le quartier des Peyrats, actuellement Place du 4-Septembre, « où l'on enseignait les humanités jusqu'à la Rhétorique inclusivement ».

Les élèves de cette « Préceptorale », ancêtre du Collège actuel, devaient payer à leur maître d'école la somme de 20 sols par mois, pour pouvoir assister à ses leçons, ou à celles de gens capables, employés aux mêmes fins. (D'après M. Magnonaud et *Archives Municipales de Saint-Yrieix*).

Le Marquis de la Grange présentait de bonne heure le jeune Pardoux dans la meilleure société de la région de Saint-Yrieix, tant et si bien que lorsqu'il fut reçu Avocat en 1773, son protégé ambitionna une charge dans la magistrature de sa ville natale.

On sait que c'est en 1750 que, par Edit Royal, fut supprimé le Siège des Appeaux de Ségur et de la Justice de la Ville de Saint-Yrieix, et que, par suite, fut créée une nouvelle Sénéchaussée en la Ville de Saint-Yrieix, recevant les Appels de trente paroisses environnantes.

Le 26 juillet 1777, Pardoux Bordas fut appelé aux fonctions de Substitut du Procureur du Roi, au siège Sénéchal de Saint-Yrieix. Et le 13 septembre suivant, après les vacances judiciaires, il prononçait le discours de rentrée.


Depuis plus de deux cents ans, les Bordas avaient fait souche à Saint-Yrieix et, de famille nombreuse, étaient apparentés, non seulement avec les principaux artisans ou commerçants de la ville, mais encore avec les notables de la région, entre autres avec la famille du Chirurgien Darnet, qui découvrait le kaolin en 1768.

C'est ainsi que le jeune Avocat Pardoux Bordas fut appelé à défendre les intérêts de Darnet dans ses démêlés avec Villaris, l'apothicaire de Bordeaux, qui avait partie liée avec son Archevêque, pour alimenter la manufacture de Sèvres de terre kaolinique du Limousin, que Turgot, de son côté, avait reconnu, lui-même, pour être le véritable « kaoulin » de la Chine.

Il faut lire, dans les Bulletins de la Société archéologique et historique du Limousin des années 1892, 1893 et suivantes, les tractations auxquelles se livre le très rusé Villaris pour donner le change au Ministre Bertin et laisser les uns et les autres dans l'ignorance de la provenance du kaolin ; Villaris s'ingéniant à faire fortune au détriment de son ami Darnet.

Le Commissaire de la Manufacture de Sèvres, M. Macquer, s'y laisse prendre lui-même, et s'en va rechercher dans la

Chalosse et depuis Dax jusqu'aux Pyrénées, les terres dont il a besoin.

Enfin, tout se situe ; et, quand les fournitures de terre kaolinique sont régulièrement assurées, soit qu'elles proviennent des terrains de Mme du MONTET, soit de la propriété des BORDAS, qui, à Saint-Yrieix, longent la route de Limoges, c'est grâce à l'entremise de PARDOUX que les intérêts de la famille DARNET sont sauvegardés, et que VILLARIS finit par payer ce qu'il devait aux uns et aux autres, en attendant qu'ils y fassent fortune à leur tour.

Nombreux sont les déplacements du jeune Avocat qui, tant auprès de Turgot que de M. FARGES, Intendant de la Généralité de Bordeaux, se multiplie pour démasquer les agissements de l'Archevêque et de VILLARIS, et pour faire valoir les droits au bénéfice de la découverte de la terre si précieuse, pour ses parents et ses alliés.

Aussi, grande fut la reconnaissance de la famille DARNET pour Pardoux ; et son mariage avec la jeune orpheline, Anne, en 1778, ne put-il que resserrer, de façon indissoluble, les liens familiaux, qui avaient uni déjà, à plusieurs reprises, les deux familles.

A titre documentaire, nous avons retrouvé et copié, dans les registres paroissiaux de la Commune d'Excideuil (Dordogne), l'acte de baptême d'Anne DARNET et celui de son mariage avec Pardoux BORDAS.

## Baptême d'Anne DARNET

« Le vingt-six Octobre Mil Sept Cent Cinquante-Huit, a
« été baptisée Anne DARNET, fille légitime de François DARNET,
« Maître Chirurgien, et de Marguerite MASSENAT, conjoints
« habitants de la présente ville.

« A été parrain Messire Jean-Baptiste DARNET, Ecuyer
« Comte et Chevalier des Ordres Militaires Hospitaliers et
« Pontificaux de Saint-Jean de Latran et des Eperons d'Or,
« Lieutenant du premier Chirurgien du Roi, habitant de la
« ville de Saint-Yrieix, et Marraine Anne MASSENAT.

« Fait en présence des marguilliers et autres. Signé : REY,
« curé et prévost d'Excideuil. »


## Mariage de Pardoux BORDAS et d'Anne DARNET

« Le dix-neuf Janvier Mil Sept Cent Soixante-dix-huit,
« après les fiançailles et publications de bancs (*sic*) faites
« d'entre sieur Pardoux BORDAS, Avocat à la Cour et Substitut
« de Monsieur le Procureur du Roi, au Sénéchal de Saint-
« Yrieix, diocèse de Limoges, fils de feu sieur Louis BORDAS,
« ancien Premier Consul de la même ville, et de demoiselle

« Anne Darnet, pensionnaire au Couvent de Sainte-Claire, de
« la ville d'Excideuil, fille de feu sieur François Darnet, Maître
« Chirurgien et de feue demoiselle Marguerite Massenat, de la
« présente paroisse, ne se sont trouvés d'autres empêchements
« civils ni canoniques que l'acte d'opposition faite le quatre
« janvier de la présente année par sieur Louis Darnet, frère
« de la contractante.

« Vu, en conséquence, l'arrêt de la Cour du département
« qui lève la dite opposition et autres tant faites qu'à faire
« ensemble, la signification du lever, faite le dix-huit du pré-
« sent mois, vu encore la dispense de deux bancs par Mon-
« seigneur l'Evêque de Limoges et d'après la permission du
« Curé d'Excideuil, je leur ai imparti la bénédiction nuptiale,
« selon les règles de l'Eglise et de l'Etat, en présence et sous
« l'assistance de Monsieur François, Louis, Philibert Marchat,
« de Pompadour, Seigneur du Chateau Boucher, bachelier en
« droit de la ville de Saint-Yrieix, de sieur Etienne Grangeau,
« Procureur au Sénéchal de Saint-Yrieix et de sieur François
« Bordas, étudiant de la ville de Saint-Yrieix, qui ont signé.

Les signataires de ce document sont dans l'ordre suivant :

« De Marchat, curateur, P. Vaudeuil, Bordas, contrac-
« tant, Grangeau, Breuilh, Bordas et Anne Darnet, Dumon-
« teuil, prêtre du Diocèse de Limoges, faisant pour Mon-
« sieur le Prévost . »

D'après la lecture de ce dernier document, on observera
que Louis Darnet, frère de l'épouse, fit opposition à ce
mariage, tout d'inclination, et il n'a pas été possible de sup-

poser et de découvrir les raisons de cette détermination malencontreuse.

De cette union, contractée cependant sous les plus heureux auspices et qui ne se démentit jamais, malgré les événements dont furent victimes, par la suite, les uns et les autres, naquirent cinq enfants : d'abord un fils et une fille, morts en bas âge, puis trois filles :

1° Françoise-Adèle qui épouse M. Pierre TEYTUT DE LA JARRIGE, et décède à Saint-Yrieix le 6 novembre 1874 ;

2° Antoinette-Mélanie, mariée à M. PLAZANET, décédée à Meymac (Corrèze), en 1871 ;

3° Marguerite-Eléonore-Julie, qui, en 1809, devint l'épouse du Baron MASSY, Officier d'Infanterie, Colonel du 4ᵉ de Ligne, tué à la Moskowa en qualité de Général de brigade. Elle est morte au Château d'Epied dans la Commune de Masléon (Haute-Vienne), le 9 mars 1879.


Nous avons dit plus haut que l'Edit Royal de 1750, qui avait fait de Saint-Yrieix le siège d'une Sénéchaussée, avait par suite, en même temps, supprimé la Justice de la Ville, laquelle se trouva fondue dans la nouvelle Juridiction.

La viguerie de Saint-Yrieix, ne relevant que du Parlement de Bordeaux, formait alors, avec Limoges, Tulle, Brive et Uzerche, les cinq grandes juridictions du haut et bas Limousin.

En sorte qu'à l'époque dont nous parlons, la Police municipale relevait du Procureur du Roi.

Bordas entreprit la tâche, plus difficile qu'on ne croit, de policer une localité d'environ quatre mille habitants.

Il édicte des mesures d'ordre et de salubrité publiques et il apporte à cette œuvre méritoire un zèle et une activité inlassables.

On le vit, tout d'abord, ramener à exécution les anciennes ordonnances et les règlements désuets. Il se préoccupa de la taxe de la viande (4 octobre 1777 et 1er mai 1784), de la Police des Hôtelleries, Auberges et Chambres garnies, des attroupements, du Port d'armes (15 octobre 1777) ; des chants et du tapage nocturnes, des masques (6 février 1778) ; de la tenue des marchés (9 février 1778) ; de l'approvisionnement des poissons et denrées (11 février 1778) ; de la taxe du pain (25 février 1778) ; de la propreté des boucheries avec interdiction de livrer à la consommation la chair des animaux malades (30 avril 1778) ; de la décence à observer dans les Eglises avec défense d'y laisser pénétrer des chiens (19 août 1778) ; de la propreté des grains (20 août 1778) ; de la création de trois emplois de Commissaire de Police (21 janvier 1779) ; de l'interdiction aux aubergistes de donner à boire et à manger pendant le Service divin et après neuf heures du soir (1er février et 9 septembre 1781) ; du balayage et nettoyage des rues (3 février 1781) ; de l'interdiction aux personnes masquées de sortir avec des armes (4 février 1781) ; de l'interdiction aux hôteliers d'acheter sur les routes avant onze heures du matin et après cinq heures du soir (5 février 1781) ; défense de jeter des ordures dans les fontaines, d'y abreuver les chevaux et d'y laver le linge (10 septembre 1781) ; défense de laisser divaguer les animaux sur les voies publiques (10 septembre 1781), etc., etc.

Le texte de chacune de ses ordonnances est précédé d'un préambule parfois très long, toujours solennel. On peut le lire dans le registre des Ordonnances de Police de la Sénéchaussée de Saint-Yrieix (*Archives Départementales de la Haute-Vienne*, B. 469).

Et, comme si ces préoccupations n'eussent pas suffi à alimenter son activité, Bordas sollicite et obtient du Comte de Bourbon-Busset l'Office de Juge de la Châtellenie de Chalus. Il en est pourvu le 7 juillet 1778 et, le 20, il se présente à Limoges devant le Lieutenant Général de la Police (la Justice de Chalus relevant de la Sénéchaussée de Limoges) et il se fait reconnaître et recevoir dans cette nouvelle charge (*Archives Départementales de la Haute-Vienne*, B. 455).

Pour des motifs qui ne nous sont pas connus, il se démit, après neuf ans d'exercice, de ses fonctions de Substitut du Procureur du Roi.

Il siégea, en effet, pour la dernière fois, le 30 octobre 1786 et fut remplacé le 3 février suivant (*Archives Départementales de la Haute-Vienne*, B. 455). Le Calendrier ecclésiastique et civil du Limousin n'en continua pas moins à le faire figurer comme Substitut et même comme Conseiller jusqu'en 1790 inclusivement. En effet, pour ce qui a trait à la première de ces charges, il est dit expressément, dans la Commission délivrée le 3 février 1787 par le Procureur Général au Parlement de Bordeaux, à Jean Queyroulet aîné, que « les fonctions de Procureur du Roi par notre Substitut au Sénéchal de Saint-Yrieix ne sont pas exercées par un sujet en titre d'Office ; le sieur Bordas qui les exerçait, en vertu de notre Commission, s'en étant démis entre nos mains ».

Bordas ne fut pas davantage Conseiller en la Sénéchaussée de Saint-Yrieix. On en trouvera des preuves : 1º dans le fait qu'il ne figure point parmi les Magistrats de ce Siège à l'occasion de l'incident du mois de juin 1788. Je veux parler de la velléité de rébellion à laquelle donna lieu l'enregistrement par l'Intendant de la Généralité en personne, de l'Ordonnance Royale de mai précédent sur l'Administration de la Justice.

2º Dans cet autre fait que, lors de son élection comme Juge au Tribunal du District (octobre 1790) il est simplement qualifié « Juge Sénéchal de Châlus », alors que L. Crezeunet élu deuxième Juge, prend les titres de Conseiller du Roi et Lieutenant Particulier.

On peut conjecturer, sans trop d'invraisemblance, qu'il quitta Saint-Yrieix pour aller exercer quelque temps comme Avocat à Bordeaux, où il avait fait son droit, de façon surtout à pouvoir mieux encore, sur place; défendre et faire valoir les intérêts engagés par lui et sa famille dans les fournitures de kaolin, que prétendait toujours accaparer l'Archevêque de Bordeaux, à l'instigation de Villaris.

Rendu à la liberté et à son bon plaisir, il dut se griser d'indépendance et aussi se créer de nombreuses relations dans le parti libéral.

Ne serait-ce pas à ces circonstances et aussi à la connaissance qu'il avait du acquérir du pays bordelais qu'il dût d'être plus tard envoyé comme Représentant du Peuple en mission dans la Gironde ?

Si Bordas eût été présent dans sa ville natale, il n'eût pas manqué de prendre part, en 1789, aux opérations du Tiers-Etat. Or, il n'est pas nommé dans le Procès-verbal de l'Assemblée particulière réunie les 17 et 21 mars, tant pour le choix des Députés que pour la rédaction du Cahier de l'Ordre. Toutefois, il fut élu membre du Comité Patriotique de Saint-Yrieix et cela le 2 août 1789 par l'Assemblée Générale des habitants.

Le Comité Patriotique Arédien était présidé par M. Gondinet, Maire, MM. Crezeunet, Lieutenant Particulier, Queyroulet aîné, Avocat et Substitut du Procureur du Roi, Bonhomme, curé de la Chapelle, Queyroulet cadet, Avocat, Senamaud, Avocat. Bonhomme, de Lavaud, Médecin, Rudeuil, Procureur, Lamorelie du Masvieux, Tenant de Latour, de Foucaud et Sazerat, étaient membres au même titre que Bordas, du Comité Patriotique en question.

Etaient encore agrégés du dit Comité MM. Paignon de Morterol, Mazard, Médecin, Godinet de Forges et Quinsac.

Lors de la constitution des nouveaux Corps Administratifs et Judiciaires, Bordas, de retour à Saint-Yrieix, se fit élire (15 août 1790) le neuvième sur trente-six administrateurs du Département. Ses opérations une fois terminées, le Collège Electoral vota l'envoi d'une adresse à l'Assemblée Nationale et au Roi, à l'effet d'obtenir la grâce de deux cavaliers déserteurs du Régiment de Royal-Navarre, en garnison à Limoges. Bordas et l'un de ses collègues furent chargés de la rédaction de cette adresse qu'ils signèrent comme Commissaires. Il devint membre de la Commission interdépartementale chargée de la liquidation des comptes et du partage du fonds de l'ancienne Généralité de Limoges, qui siégea de septembre 1790 à janvier 1791.

Les lois sur l'organisation judiciaire autorisant le cumul des Offices de magistrature et des fonctions administratives, BORDAS, après avoir été choisi comme Secrétaire par l'Assemblée Electorale, fut élu (25 octobre 1790) premier Juge du Tribunal de Saint-Yrieix. Cette priorité faisait de lui, aux termes de l'article 3 du titre 4 de la loi du 16 septembre 1790, le Président du Tribunal.

Voici le texte des lettres patentes par lesquelles il vit sanctionner son élection :

« Louis, par la Grâce de Dieu et par la loy constitutionnelle
« de l'Etat, roi des français, à nos aimés et féaux les mem-
« bres du Conseil Général de la Commune de Saint-Yrieix,
« salut. Les électeurs du District de Saint-Yrieix nous ayant
« fait représenter le procès-verbail (*sic*) de l'élection qu'ils ont
« faite, conformément aux décrets constitutionnels, de la per-
« sonne du sieur Pardoux BORDAS pour remplir pendant six
« années un Office de Juge (au Tribunal) du District de Saint-
« Yrieix, nous avons déclaré et déclarons que le dit sieur
« BORDAS est Juge du District de Saint-Yrieix, qu'honneur doit
« lui être porté, en cette qualité, et que la Force Publique
« sera employée en cas de besoin pour l'exécution des
« jugemens (*sic*) auxquels il concourra après avoir prêté le
« serment requis et avoir été duement installé. Et nous
« mandons qu'après avoir reçu du dit sieur BORDAS le susdit

« serment, en présence de la Commune de Saint-Yrieix, vous
« ayez à l'installer en l'Office de Juge du District de Saint-
« Yrieix pour en jouir aux honneurs, pouvoirs, authorités (*sic*)
« et traitement y attribués.

« En foy de quoy nous avons signé et fait contresigner ces
« dites présentes sur lesquelles nous avons fait apposer le
« sceau de l'Etat.

« A Paris, le quinzième jour du mois de Novembre de l'An
« de Grâce mil sept cent quatre vingt dix et de notre règne.
« le dix septième. »

Signé : LOUIS.

Et plus bas : par le roi signé : GUIGNARD.

(*Archives Départementales de la Haute-Vienne*, L. 1002).

L'article 7 de la loi du 24 août 1790 prévoyait en effet la
confirmation de l'élection par le Roi.

Le 4 décembre 1790, les Magistrats de la nouvelle Juridiction étaient installés, en grande pompe, après avoir assisté
à une messe célébrée dans l'Eglise Collégiale, et, le 21, le
Tribunal inaugurait ses audiences.

Bordas fut le premier signataire et, vraisemblablement, le
Rédacteur d'une adresse que les Magistrats du Siège envoyè-
rent à l'Assemblée Nationale à l'occasion de leur entrée en
fonction. Cette adresse constituait une adhésion chaleureuse
aux travaux et aux décrets de l'Assemblée.

17

A en croire Bordas, ce serait à son instigation qu'aurait été créé le club jacobin de Saint-Yrieix dit Société Populaire de Saint-Yrieix.

Il s'y trouvait en compagnie, notamment de Léonard Crezeunet, Juge au Tribunal et Gabriel Sulpicie, Médecin, tous deux nés à Saint-Yrieix.

Nous relaterons par la suite, dans un chapitre spécial, le dépouillement de sa correspondance de la Capitale avec les Membres de la Société Populaire de Saint-Yrieix, et nous y constaterons, qu'en toutes circonstances, il se témoigne aussi ardent républicain que patriote exalté.

Il n'est pas douteux que, de toute façon, il dut par là acquérir une grande notoriété. Ainsi qu'il le dira plus tard, il avait puisé sa popularité dans ses luttes contre le despotisme. On louait en lui son indépendance et son franc-parler. Aussi quand vinrent les élections à l'Assemblée Législative, s'étant mis sur les rangs, il fut élu, le 31 août 1791, au premier tour et par 218 voix sur 232 votants, troisième député de la Haute-Vienne.

A la clôture des opérations, le 2 septembre, toujours en quête de manifestations oratoires, il prononça un discours de remerciements ; après quoi, il donna sa démission d'Administrateur du Département.

A la Législative, nommé membre du Comité de la Dette Publique, le 23 octobre 1791, il fut appelé le 26 à faire partie du Comité des Décrets. Le 28, il présenta un projet de loi sur les mesures à prendre contre les Emigrés. L'article 10 déclarait Louis, Philippe, Joseph, Xavier DE BOURBON déchu de son droit à la Régence, s'il ne rentrait en France avant le premier janvier, Charles, Philippe, Joseph et Louis, Henri, Joseph DE BOURBON étaient privés de leurs traitements et pensions.

Une motion de Gérardin, enjoignant à Louis, Stanislas, Xavier DE BOURBON de réintégrer le pays, fut seule accueillie.

Le 5 décembre 1791, BORDAS était élu par le Comité de la Dette Publique pour faire partie du Comité de l'Extraordinaire des Finances. Le 19 août 1792, il donne lecture d'une lettre d'un Officier du Nord qui exprime la satisfaction des troupes à l'annonce des décrets du 10 août et le chagrin que les officiers n'ont pu dissimuler.

Il expose ensuite que la ville de Saint-Yrieix, ayant déjà fourni beaucoup d'hommes aux deux bataillons de la Haute-Vienne qui sont aux frontières, vient encore de livrer 300 volontaires qui partent pour Colmar. L'Assemblée décrète que mention honorable du Patriotisme des habitants de Saint-Yrieix sera inscrite au procès-verbal de la séance.

En effet, 52 volontaires Arédiens avaient été versés en 1791 dans le premier bataillon de la Haute-Vienne ; par la suite, 80 jeunes citoyens furent encore réquisitionnés et nous avons retrouvé dans le fonds Bosvieux (versé aux Archives départementales de Limoges sous le classement L. 34) la liste nominative ci-jointe de 241 défenseurs de la Patrie, fournis une fois de plus par la Commune de Saint-Yrieix :

1. Jean Rousseau,
2. Jean-Stanislas Crouzillard,
3. François Vessière,
4. François Chiquet,
5. Louis et Pierre Grand,
6. Pierre, Léonard et Jean
   Bonneau,
7. Aubin Bonneau,
8. Pierre-Gentil Lacour,
9. Pierre Chataignon.
10. Georges Bragard,
11. Georges et Pierre Sul-
    picy,
12. Pierre Vallette . mort
13. Simon Rudeuil . mort
14. Les deux fils de Jarrit
    Forgebasse . . . mort
15. Antoine Sulpicy . mort
16. Pierre Laforet . . mort
17. Bertrand Chazelle mort
18. Joseph Audebert Lasro-
    chas, mort en Egypte
19. Gabriel Lambert . mort
20. Antoine Glandus . mort
21. Pierre Robert . . mort
22. Pierre Germain . . mort
23. Thomas Dujardin. mort

23 *bis*. Elie Gery . . . mort
24. Pierre Moreau . . mort
25. Pierre Beyneuf . mort
25 *bis*. Le fils de Noël tisse-
    rant au marché vieux
    . . . . . . . . mort
26. Joseph Glandus . mort
27. Jean Moreau . . . mort
28 Pierre Bonnet,
29. Pierre Jarrit,
30. Pierre Barbary,
31. Aubin Faurie,
32. François Lagorce,
33. François Moreau,
34. Pierre Barrière, de la
    Meyze,
35. Pierre Juge, d'Uzerche,
36. Pierre Malevergne, de
    Ladignac,
37. Jean Vallade, de St-Sul-
    pice d'Excideuil,
38. Louis Beyneix,
39. Jean Tallet, de St-Pan-
    taléon d'Excideuil,
40. Jean Jalabert, de Sarlat,
41. Jean Nicot, de St-Ger-
    main,
42. Jean Dauriac, de Dussac,

43. François JOBERT, de Lyon,
44. Antoine AUMAITRE,
45. Pierre DUCROS, de Ladignac,
46. Pierre LEBLANC, de Ladignac,
47. Gabriel FOUCETTE, de la Roche-l'Abeille,
48. Blaise PRUNIER, de l'Auvergne,
49. Léonard LENOIR, de Felletin,
50. Jean GAZOT,
51. Pierre DESCHAMPS,
52. Pierre BONNET,
53. Martin MAUFANGE, d'Excideuil,
54. Jean GAUTIER,
55. Pierre CHOPINAUD, d'Eymoutiers,
56. Léonard GAUTIER, de Ségur,
57. Jean FAYOLE, d'Excideuil,
58. Pierre PICAUD, d'Excideuil,
59. Guillaume MATIÉUX, de Coussac,
60. Léonard FEITE, de Nexon,
61. Martin LAPEYRE, de Limoges,
62. Alexis PAGES, d'Aurillac,
63. François ROCHE, de St-Priest-les-Fougères,
64. Jean GIBEAU, de St-Priest-Ligoure,
65. Jean VEYRIER, de Ladignac,
66. Antoine LENOIR, de Felletin,
67. Jean COMBESCOT,
68. Joseph BASSET, de St-Léonard,
69. François MAZEAU,
70. Léonard MAZEAU, Frère,
71. André ABRIA,
72. François MALO, de Limoges,
73. Pierre BARBARY,
74. Léonard MOREAU,
75. Pardoux BONNET,
76. Jean LAFRANGE,
77. Léonard LACHATRE, de Lubersac,
78. Jean MOREAU, de Coussac,
79. Léon LEYSSENE, de St-Germain,

80. Jean Pineau,
81. François Pouyat,
82. J.-B. Labrouhe,
83. Fr. Record,
84. Léonard Montezi, de Juillac,
85. Jean Pinaira,
86. André Nouvel,
87. Jean Bonnet, de Boisse,
88. Jean Lacaux, de Sarrazat,
89. François Rozier, de Sarrazat,
90. Jean Lafrange, de Sarrazat,
91. Guillaume Relier, de Voutezac,
92. François Rozier, de Sarlonde,
93. Jean Mathieux, de Ségur,
94. Léonard Bossavy,
95. Etienne Moreau,
96. Jean Lapeyre, de Cubas,
97. Etienne Bouzigne, de Coussac,
98. Yrieix Dubut,
99. Jean Montezi, de Juillac,
100. Louis Dupuy, de Coussac,
101. François Huble, de Lubersac,
102. Guillaume Mathieu, de Coussac,
103. Jean Roux, de Glandon,
104. Pierre Joubertie, de Coussac,
105. Bernard Rurfigeas, de Coussac,
106. Jean Bregeres, de Coussac,
107. Pierre Gory,
108. Blaise Beyneix,
109. Thomas Hedoin, de Coutance, de Normandie,
110. Pierre Canty, de Coussac,
111. André Montazeau, de Coussac,
112. Jean Bossely, de Coussac,
113. Jean Chabassier, de Coussac,
114. Charles d'Arfeuille, de Coussac,
115. Jean Jarrit, de St-Jarry-de-Chaleix,
116. Antoine Rigard, de l'Auvergne,

117. Michel Bonnet, de la Meyze,
118. Antoine Mulbier, de la Meyze,
119. Jean Chazellas, de la Roche-l'Abeille,
120. Léonard Bonnet et Pierre Bonnet,
121. Simon Joussen,
122. Jean Devaud,
123. Pierre et François Delage,
124. Jean Adam,
125. Pierre Rudeuil,
126. Bernard et Pierre Deschamps,
127. Jean Charchouly, de St-Pierre de Côle, mort
128. François Lalardie, de Coussac,
129. Jean-Baptiste Duclair, de Limoges,
130. Pierre Perisson,
131. Pierre Roux, de Jumilhac,
132. Jean François (maçon),
133. Jean Cabirol, de Courbefy,
134. Georges Jouvie, de Ladignac,
135. Antoine Labroige, de Coussac,
136. Martial Audevard, de Marneix,
137. Jean Lacaux, d'Excideuil,
138. Saturnin Nanvier, de la Meyze,
139. Léonard Paricaud, de St-Jard,
140. Jean Choizat,
141. Etienne Bragard, enfant de la Patrie,
142. Saturnin Roux, retiré pour être blessé,
143. Pierre Contat, de Ladignac,
144. Pierre Duclaud,
145. François Lacoste,
146. Pierre Baisse,
147. Pierre Lary, de Genis,
148. Mathieu Vallade,
149. Jean Bonneau, mort,
150. François Chiquet,
151. Joseph Barget,
152. Elie et Jean Bayle,
153. Guillaume Dubois,

154. Antoine DESCHAMPS,
155. Pierre BARGET,
156. Jean NUARD,
157. Pierre THOURAUD,
158. Joseph MÉDARD,
159. André BEYLIER,
160. André CHABASSIER,
161. Jean JOUBERT,
162. Joseph PETIT,
163. Antoine BARRIÈRE,
164. Pierre CHIROL,
165. Jean BEYLE,
166. Joseph TALLET,
167. Franç. THEVENIN,
168. Nicolas DEVAUD,
169. Etienne LAGORCE,
170. Antoine PASSEMARD,
171. Jean LABROUSSE,
172. Aubin MOREAU,
173. Antoine FÉLIX,
174. François NOUHAUD,
175. Mathieu GADONNEIX,
176. Claude PAIGNON,
177. Aubin CHAZELLE,
178. Jean LACHATRE Jeune,
179. Jean CHAZEAU,
180. Antoine MICHEL,
181. François GRELLOUT,
182. Léonard BAYARD,
183. Jean DESBORDES Cadet,
184. Etienne CHAUSSE,
185. Raymond MAZABRAUD,
186. Pierre LAGRANGE,
187. Jean GRENIER,
188. Jean FRUGEAS,
189. Antoine BORIE,
190. Pierre PONCET,
191. Aubin VÉYRIER,
192. Antoine PAULUT,
193. Pierre BONNEAU,
194. François BUISSON,
195. Louis CROUSIVIALE,
196. Aubin PARTUT,
197. Jean BARDET,
198. Jean LATOUR,
199. Pierre DRAPEYRON,
200. François JARY,
201. Jean REIX,
202. Jacques PRADAUX,
203. Ferreol HEBRARD VEYRINAS,
204. Léonard GORSAS,
205. Etienne NOUHAUD,
206. François VILLEMOUNEIX, . . . . . . . . . mort
207. Jean LAGORCE,

208. Pierre Robert,
209. Barthélemy Massy,
210. Léonard Devalois,
211. Jean B. Guinot,
212. Pierre Bonnet,
213. Bernard Teyrer,
214. Jean Reix,
215. Pierre Parot,
216. Denis Deville,
217. Jacques Pommaret, enfant de la Patrie,
218. Bernard Gaillard,
219. Jacques Bois-la-roussie,
220. Antoine Bossavy,
221. Jean Fretille,
222. Joseph Médard,
223. Thomas Dujardin mort,
224. Léonard Mazeau,
225. Martin Pichon,
226. Pierre Sulpicy,
227. Pierre Bonnet,
228. Pierre Rudeuil,
229. Michel Rudeuil,
230. Pierre Deschamps,
231. Jérôme Montazeau,
232. Jean Degorsas,
233. Bossavy,
234. Aubin Tallet,
235. Elie Mesurat,
236. Léonard Villemoneix,
237. Aubin Jary,
238. Jacques Devergne, brigadier,
239. Ambroise Pousol, gendarme,
240. François Crezeunet,
241. Barthélemy Cheval.

Vinrent les élections à la Convention, Bordas avait donné trop de gages au parti avancé pour que les électeurs ne fissent pas bon accueil à sa candidature. Le 4 septembre 1792, dès le premier tour de scrutin, à la pluralité absolue de 337 votants, il se vit attribuer encore le troisième siège de Député de la Haute-Vienne.

Désigné le 15 octobre pour faire partie du Comité de Liquidation, dans lequel il devait être replacé le 22 juin 1793, il fut à plusieurs reprises (17 octobre 1792 et 9 janvier 1793) appelé à siéger dans le Comité de Sûreté Générale. Jusqu'alors on n'avait pu observer, dans son attitude, qu'un certain flottement. Mal classé entre les Girondins et les Montagnards, il se trouvait placé sur l'extrême limite où le modéré sourit au violent.

Bientôt, l'hésitant qui était en lui se révélera parfois par l'incohérence et souvent par les volte-face.

Mais, dans le procès de Louis XVI, il ne votera pas la mort du Roi, contrairement à l'opinion trop souvent émise en Limousin, il ne fut donc pas régicide.

Il votera cependant pour la Réclusion Perpétuelle contre l'Appel au Peuple et contre le sursis.

Nous nous réservons d'établir, dans un chapitre spécial, quel fut exactement son rôle au cours du procès de Louis XVI en produisant pour cet objet la copie même de documents du temps absolument sincères, exacts, et, par suite, irréfutables.

Pour accélérer la levée de 300.000 hommes, votée le 24 février, la Convention délégua un certain nombre de ses Membres dans les Départements. Bordas et son Collègue Borie (de la Corrèze) furent envoyés dans la Haute-Vienne. Le recrutement, l'habillement, l'équipement et l'armement des troupes, comme aussi l'allocation de secours aux familles de militaires dans le besoin, constituaient le but essentiel de la Mission des deux Réprésentants. Mais leur rôle n'était pas limité à ces objets. Ils devaient aussi prendre toutes mesures utiles au maintien ou au rétablissement de l'ordre. Ils crurent même devoir étendre leur action aux Administrations et aux Sociétés populaires, aux subsistances, aux impôts, aux travaux des routes, enfin aux suspects.

De l'ensemble de leurs opérations, il nous est resté un compte rendu sous forme de rapport imprimé par ordre de la Convention. On peut y lire qu'à leur instigation fut créé, à Limoges, un Comité Central de Salut Public, spécialement chargé de surveiller et, au besoin, de faire arrêter les suspects.

Bordas et son Collègue n'auraient pas eu à sévir contre ceux-ci, si, le jour même de leur arrivée, une dénonciation ne leur avait été portée contre « 29 particuliers considérés comme dangereux ».

En tête de la liste figuraient : Louis Maurissart, ex constituant, Directeur de la Monnaie de Limoges, homme des plus influents et des plus riches qui avait fait construire, en 1785, son hôtel près des ateliers de la Monnaie, hôtel qui est actuellement celui de la Banque de France ; puis encore Petiniaud de Beaupeyrat, ancien Maire de Limoges. Tous furent mis en état d'arrestation « pour la sûreté des bons citoyens et dans l'intérêt public ». Il faut lire tout le détail de ces arrestations mouvementées dans l'intéressant ouvrage de M. Joseph Bouland, publié en 1913 chez M. Ducourtieux, de Limoges, « *Douze femmes d'émigrés, divorcées à Limoges, sous la Terreur 1793-1794* ».

Les Sociétés populaires n'échappèrent pas au Contrôle. « Dans la Haute-Vienne, écrivirent les Représentants, il n'y a « qu'une Société entièrement Républicaine : c'est celle de

« Limoges et, sans elle, nous vous devons cet aveu, le recru-
« tement y eut été compromis.

« On a dissout graduellement les Sociétés du Dorat et de
« Saint-Junien. Celle de Saint-Léonard est entièrement
« influencée par les intérêts particuliers. Les citoyennes sont
« toujours l'ornement et presque l'espérance de celle de Saint-
« Yrieix. Il ne reste plus qu'un petit nombre de patriotes
« dans celle d'Eymoutiers. »

Sa mission terminée, BORDAS rentra à Paris d'où il écrivit,
le 21 mai, aux Administrateurs de son Département, une lettre
de laquelle nous extrayons ce qui suit :


« Paris, le 21 mai 1793. L'an II de la République.


« Citoyens, Administrateurs,


« J'ai reçu et j'ai communiqué à BORIE, mon Collègue, votre
« dépêche du 13. Comme moi, il a applaudi aux mesures de
« défense que vous avez arrêtées. La Convention elle-même
« les a vues avec intérêt et satisfaction. Elles ont été renvoyées
« aux Comités.

« Quand je dis la Convention, ne croyez pas, Citoyens
« Administrateurs, que j'entende énoncer par là le vœu de la
« totalité. J'ai trouvé des opinions si divisées, au moment de
« mon retour, les séances ont été si tumultueuses jusqu'à ce
« jour !

« Sans doute, les journaux varieront sur les causes, mais
« n'en soyez pas inquiets.

« Des hommes dangereux, et aussi funestes encore, l'or
« de Pitt, causent ici beaucoup de fermentation.

« Le calme renaîtra et, malgré tout, la liberté nous
« restera...

« Citoyens, la guerre que nous avons à soutenir et sur
« nos propres foyers et avec les puissances étrangères, est la
« guerre que les riches ont déclaré aux sans-culottes. Notre
« première victoire sur ceux-là a été de diminuer leurs res-
« sources dont ils faisaient un usage aussi perfide. La Con-
« vention vient donc de décréter sur eux un emprunt forcé
« d'un milliard, dont il sera délivré aux contribuables une
« reconnaissance qu'ils pourront employer en acquisition de
« biens des émigrés.

« Par ce nouveau moyen, peut-être nous réussirons et à les
« contenir et à leur faire reconnaître et respecter la souve-
« raineté du peuple.

« Salut et fraternité.

« Signé : BORDAS. »

(*Archives Départementales de la Haute-Vienne*, L. 174).


On pourrait être surpris de voir Bordas apposer, trois jours
plus tard, sa signature au bas du manifeste que la députation de la Haute-Vienne envoya aux Administrateurs de ce
Département.

Il est vrai qu'il se déclarait « tranquille au milieu des
menaces ».

29

Il faut savoir aussi qu'il se hâta d'atténuer l'effet de cette démarche collective par l'envoi d'une seconde lettre, toute personnelle, aux mêmes Administrateurs.

L'Evêque Gay-Vernon qui avait refusé de s'associer à la manifestation de ses collègues s'était empressé d'écrire, de son côté, pour contester le bien-fondé des craintes d'insécurité et des alarmes manifestées par les autres membres de la députation.

Toute cette affaire est complètement exposée dans l'ouvrage de M. Guibert, *Le Parti Girondin dans la Haute-Vienne*, Paris, 1873.

Dès ce moment, Bordas se drape dans une fière attitude de révolutionnaire immuable et convaincu et fait campagne dans une complète communauté de vues avec Gay-Vernon.

Détaché définitivement du Groupe Girondin, il s'abstiendra, bien entendu, de signer la lettre compromettante du 4 juin.

Il sera d'autant plus porté à se tenir éloigné de ses autres collègues, que ceux-ci se permettaient parfois des incursions jusque dans son propre fief.

Quel était le député qui, à l'occasion des événements des 31 mai et 2 juin, appelait l'attention de la Société Populaire de Saint-Yrieix sur les dissensions intestines de la Convention, et sur les conséquences funestes qui en résultaient ? Ce n'était évidemment pas Bordas qui, plus que jamais, inclinait vers la Montagne.

Il faut donc mettre cette démarche à l'actif de l'un de ses collègues du Groupe modéré.

Or, la lettre en question allait soulever de vifs incidents.

Elle conduisit le club, effrayé, de l'aveu qui venait de lui être fait, à provoquer une réunion immédiate de tous les corps constitués. Et ceux-ci ne décidèrent rien moins que l'envoi au Directoire Départemental d'une Délégation chargée de l'inviter à réclamer la convocation des Assemblées Primaires en vue du renouvellement de la Convention.

Ce ne fut qu'après quinze jours de réflexion que les Administrateurs se décidèrent à improuver en termes anodins les principes qui avaient dicté cette délibération.

Mais celle-ci avait été signalée au Comité de Sûreté Générale et, le 7 août, un décret cassait l'arrêté en question et suspendait de leurs fonctions la presque totalité des Administrateurs et Magistrats du District et des Membres de la Municipalité de Saint-Yrieix.

Ce jour-là, Bordas avait fait présenter à la Convention par Lanot (de la Corrèze), Membre du Comité de Sûreté Générale, le rapport suivant :

« Citoyens, les trois autorités constituées de Saint-Yrieix
« prirent un arrêté le 7 juin, « par lequel elles rejettent sur la
« Montagne tous les malheurs de la France, par lequel elles
« désignent la Montagne sous le nom de Faction, qui a pour
« chefs des provocateurs au meurtre et au pillage ; par lequel
« elles ne reconnaissent, de ce côté, que des anarchistes qui
« s'enveloppent du manteau du patriotisme, par lequel elles ne
« voient de ressources que dans le renouvellement de la Con-
« vention ; par lequel elles provoquent les Assemblées pri-

« maires, d'après lequel elles envoient, dans cet objet, trois
« Commissaires au Département.

« Elles font plus, elles arrêtent que par des courriers
« extraordinaires leur procès-verbal sera porté à tous les
« districts du Département, avec une missive portant invita-
« tion d'y adhérer ; elles en arrêtent l'impression qui a eu lieu
« et l'envoi à tous les Départements de la République.

« Le 8 juin, ces mêmes fonctionnaires publics se réunirent
« extraordinairement dans la Salle de la Société. Là, tour à
« tour, ils se livrèrent encore et contre la Convention et par-
« ticulièrement contre l'un de ses membres aux déclamations
« les plus atroces.

« Ils y présentèrent le citoyen BORDAS comme un monstre
« parce qu'il partageait les principes destructeurs de la Mon-
« tagne, de cette Faction qui existe dans la Convention, qui
« désorganise tout, qui donne l'impulsion à tous les massacres
« dont la France est le théâtre, qui veut ravir à tous les Fran-
« çais leurs propriétés.

« Ils mirent en principe que tous ceux qui faisaient partie
« de cette Montagne ne pouvaient être que de mauvais
« citoyens, qu'ils ne pouvaient conserver la confiance publi-
« que et ils déclarèrent, sous ces prétextes, ledit BORDAS
« traître à sa Patrie, indigne de la Confiance Publique ; son
« nom fut rayé des registres de la Société Populaire et
« défenses furent faites de recevoir ses lettres et de lui en
« écrire. Le 9, ils firent couper et brûler l'arbre de la Frater-
« nité que les sans-culottes avaient planté devant la maison

« du citoyen Bordas, lors de sa Commission pour le recru-
« tement.

« Les preuves de tous ces faits sont déposées au Comité de
« salut public...

« C'est Queyroulet aîné, Commissaire National près le
« Tribunal, qui est l'auteur de toutes ces atrocités. Ce même
« particulier a plus fait, en dernier lieu. Le 20 de juillet, après
« l'acceptation de l'acte constitutionnel, les sans-culottes,
« transportés de joie, sortirent de l'Assemblée pour aller
« danser autour de l'arbre de la Fraternité, et les aristocrates,
« à la tête desquels se trouvait le nommé Moulin, Juge et le
« même Commissaire national, continuèrent la séance dans
« laquelle le même Commissaire National proposa et fit
« adopter sans difficulté que les prêtres qui, sujets à la dépor-
« tation, étaient en état de réclusion au département, seraient
« rappelés et rentreraient dans le sein de leur famille, il fait
« nommer deux Commissaires pour les réclamer au dépar-
« tement.

« Citoyens, Queyroulet est la lèpre aristocratique de Saint-
« Yrieix. Vous voyez ce fonctionnaire public en pleine révolte
« contre la loi, il peut occasionner dans cette ville les plus
« grands malheurs ; en lui vous voyez un vrai conspirateur, un
« contre-révolutionnaire ; il doit être traduit à la barre et ren-
« voyé au Tribunal Révolutionnaire.

« Quant aux Autorités constituées, elles sont, sans contre-
« dit, dans le cas au moins d'être suspendues ; mais, ce qui
« importe à la Convention c'est de ne pas confondre les inno-
« cents avec les coupables.

33

« Nous lui devons cette vérité que le Procureur Syndic du
« District, le Maire et l'Officier Municipal Petit ont tout fait,
« tout tenté pour empêcher ces arrêtés liberticides, ces scènes
« d'horreur et qu'ils se sont vus menacés d'être proscrits,
« d'être sacrifiés ; ils doivent donc trouver une exception dans
« le décret à rendre.

« Le Département de la Haute-Vienne est peu éloigné de
« la Vendée, le peuple, mécontent des Administrateurs, y est
« en fermentation. Il demande des fonctionnaires publics qui
« aient sa confiance. La Société de Limoges dont les excel-
« lents principes sont connus a dénoncé cette Administration.
« Le Département de la Corrèze l'a dénoncé aussi.

« Cette Administration a adhéré aux mesures proposées
« par les Députés du Jura. Elle a laissé passer les Députés de
« Rhône et Loire que le peuple avait arrêtés et ne voulait
« laisser partir parce qu'ils allaient fédéraliser avec Bor-
« deaux et Marseille et portaient les adresses les plus cri-
« minelles ; elle a encore laissé passer un courrier de Bor-
« deaux chargé de dépêches liberticides ; elle a dissipé les
« fonds publics par l'envoi de courriers à Bordeaux, elle a
« forcé la Convention à suspendre l'envoi des fonds dans ce
« Département ce qui rend les pauvres, victimes de sa
« lâcheté.

« Les Autorités constituées du District de Saint-Yrieix
« ont pris les arrêtés les plus étranges contre la Convention
« Nationale ; ils lui ont été communiqués par des Commis-
« saires et elle ne les a pas cassés.

« Mais, ce qu'il y a de plus affreux, c'est qu'elle a chargé

« d'achat de grains un GRELET arrêté deux fois, connu par son
« incivisme et ses accaparements, qui a trouvé moyen de faire
« tomber tous les grains achetés dans les mains des brigands ;
« le Département a été affamé au point que la livre de pain
« noir est vendue jusqu'à dix sous.

« Elle vient de former un Comité défensif où se trouve un
« ALLUAUD, autrefois piqueur, beau-frère de VERGNIAUD qu'à sa
« sollicitation, le Ministre CLAVIÈRE a nommé Directeur de la
« Monnaie, dont la réputation a toujours été équivoque et qui
« est vendu à la Faction Girondine.

« La proximité de la Vendée, les correspondances de
« l'ex-constituant et du fripon NAURISSART retiré à Bordeaux, la
« fureur des accaparements qui règnent dans cette ville, tout
« nous impose le devoir d'écouter le vœu du peuple et
« d'épurer une administration dont le Président et un autre
« membre furent chassés au 10 août par le peuple pour avoir
« soutenu Lafayette.

« En conséquence, le Comité de Salut Public vous propose
« le décret suivant : « La Convention Nationale, après avoir
« entendu son Comité de Sûreté Générale décrète :

« Article I. — La Convention casse l'arrêté des Corps
« Constitués de la Ville de Saint-Yrieix du 7 Juin dernier.

« Article II. — Les Membres du Directoire du même
« District, ceux de la Municipalité et du Tribunal de Saint-
« Yrieix, le Receveur du District et le Juge de Paix de la
« même ville sont provisoirement suspendus de leurs fonc-
« tions.

« Article III. — Sont exceptés de la disposition de l'article

« précédent les citoyens : Sulpicy, Procureur Syndic du Dis-
« trict, Teytu, Maire et Petit, Officier Municipal.

« Article IV. — Le citoyen Brival, Commissaire à Tulle, se
« transportera sans délai à Limoges, Saint-Yrieix, Le Dorat,
« Chateauponsac et autres lieux du Département de la Haute-
« Vienne où il croira sa présence nécessaire.

« Il est autorisé à suspendre et remplacer provisoirement
« tous les fonctionnaires publics qu'il jugera devoir suspendre
« et de prendre toutes les mesures d'intérêt public qui lui
« paraîtront convenables.

« La Convention adopte ce projet de décret. »
(*Archives Parlementaires*, L. XX).

D'après les *Archives Départementales de la Haute-Vienne*
(L. 106), ce décret fut rapporté par un autre décret du 5 fructidor An II.

Les Fonctionnaires et Magistrats révoqués furent mis en
état d'arrestation et demeurèrent détenus durant près d'un an.

Ajoutons, à la louange de Bordas, qu'il usa de son influence
pour arracher ses compatriotes aux conséquences de leur
conduite.

On a des lettres attestant que c'est à ses démarches qu'ils
durent leur mise en liberté.

Dans le but de justifier pleinement sa ligne de conduite,
au cours du terrible mois de juin 1793, Bordas crut devoir
publier, sous forme de lettre à ses commettants, un manifeste
qui met surtout en relief ses ressentiments et qui trahit une
vive agitation cérébrale.

Nous savons qu'il avait le verbe abondant et facile. On peut dire qu'il outra cet excès dans la plupart de ses écrits.

Du manifeste en question, nous donnerons de larges extraits en raison des détails précis qu'on y trouve sur des incidents locaux. C'est, de plus, un éloquent témoignage de la récente conversion de son auteur. Sous la rubrique « Variétés. — Pardoux Bordas », le *Courrier du Centre* des 28 et 29 septembre 1892 a publié ce document *in extenso* :

... J'ai toute ma vie détesté, j'ai sous vos yeux combattu le despotisme, j'ai bravé ses chefs comme ceux de la calomnie, je brave encore le poison, le fer et le feu de mes ennemis, des ennemis de ma Patrie ; j'arrache le masque du patriotisme dont ils se sont couverts ; je dévoile leurs crimes et je les dénonce à leur conscience qui, dans l'homme probe, serait le juge le plus sévère, à l'opinion publique qui, rarement s'égare, je les dénonce à la Convention et aux autorités constituées que la loi a établies pour juger les traîtres ; c'est par les faits qu'ils doivent l'être, leur conduite et la mienne doivent être scrutinées par la France entière, car ce n'est plus le temps de dissimuler ; qui trahit son pays, doit payer de sa tête une action aussi déloyale.

J'étais libre avant la Révolution, toujours je me sentis l'égal de l'homme de quelque habit qu'il fut revêtu. La fierté de l'âme, mes principes d'indépendances parurent souvent un vice du cœur et me préparèrent de fréquentes luttes à soutenir contre ceux qui sont aujourd'hui les plus chauds ennemis de notre liberté.

Les prêtres, les nobles d'autrefois et les bourgeois ne formaient, dans la ville de Saint-Yrieix, qu'une seule et même famille. C'était par les prêtres que les bourgeois s'alliaient à la noblesse, ainsi réunis, ils ne pouvaient plus offrir que le même intérêt et le même esprit. Et! quel esprit pour le siècle de l'égalité ! Quel esprit pour le siècle de la philosophie !

Voyant les braves sans-culottes toujours asservis par le défaut d'instruction, aux caprices des trois autres castes, je sentis le besoin d'établir un club dans la ville, j'en formai le projet, je l'exécutai en 1790, je fus alors surnommé « l'Enragé » par les aristocrates.

Nommé à la législation, je fus constamment attaché aux principes de la minorité qui a si énergiquement défendu les droits du peuple et qui, par son courage a sauvé le vaisseau de l'Etat de l'abyme (*sic*) que des mains scélérates lui creusaient chaque jour.

A cette seconde époque je fus surnommé le .Factieux ; j'appelle minorité ce qu'alors, comme aujourd'hui, on appelait « Montagne » et j'invoque le résultat du tableau comparatif des appels nominaux. L'on m'y verra l'un des soixante-six qui furent constamment attachés à leur poste et aux grands principes.

Nommé à la Convention et invariable dans mes principes, j'ai partagé ceux des vrais Républicains et je suis aujourd'hui surnommé « le Moraliste ».

Vils esclaves, êtres rempants, hypocrites insensés, vous était-il donné de connaître le mérite de l'ami du peuple, que vous n'avez voulu juger que d'après la calomnie de ses infâmes délateurs..., monstres que l'enfer a vomi pour le malheur de l'humanité vous avez pu applaudir.

J'invoque le témoignage de mes Collègues et celui des appels nominaux... Si c'est un crime, il y a longtemps que j'en suis coupable.

Le 9 mars dernier, la Convention me nomma Commissaire pour le recrutement ; je séjournai avec mon Collègue à Saint-Yrieix. Nous nous entourâmes de la Société Populaire, nous découvrîmes ses meneurs dans le District et dans le Tribunal ; nous vîmes là des hommes qui affichaient le feuillantisme, qui tuaient ou corrompaient l'esprit public, regardaient comme des monstres ses représentants courageux qui viennent encore de sauver la liberté.

Du sein même de l'orage et au retour au calme, à la suite de l'insurrection du 31 mai et jours suivants, je crus devoir prémunir mes concitoyens contre les suggestions perfides des ennemis de notre liberté.

J'écrivis deux lettres à cette société qui, par la confiance que j'en avais obtenue, m'avait laissé le droit de m'éclairer. Je lui annonçais, dans l'une et dans l'autre, ces vérités qui ne peuvent plus être inconnues que par des hommes qu'il est impossible de persuader « que cette insurrection avait été, depuis longtemps, provoquée par les calomnies, que les meneurs du côté droit ne cessaient de répandre contre le peuple de Paris ; que ce peuple s'était montré grand, qu'il n'avait pas fait une égratignure, qu'en parcourant les rangs de 60.000 hommes armés les représentants du peuple n'avaient entendu que les cris toujours répétés avec enthousiasme

« Vivent les Députés, vive la République une et indivisible ;
vivent la liberté et l'égalité » ; que cette insurrection était
devenue nécessaire par les entraves que les meneurs du côté
droit mettaient aux travaux de la Convention et, enfin, que
dans cette insurrection morale Paris avait servi la liberté et la
République ».

J'écrivis séparément au District de se tenir en garde
contre les pièges qui lui seraient tendus pour se fédéraliser
contre Paris, contre la Convention, contre la Liberté ; de
repousser toutes les propositions que pourrait leur faire le
Département de la Haute-Vienne qui, déjà, avait adhéré à
l'arrêté de la Côte-d'Or qui, déjà, avait envoyé des Commissaire à la Charente, à la Vienne et à la Corrèze pour les
engager dans la même démarche.

Ce langage de mon cœur était franc, l'intention et le but en
étaient louables mais, en hommes de parti toujours prêts à
empoisonner les vues et les actions les plus méritoires, toujours prêts à sacrifier ceux qui contrarient leurs opinions
quelque criminelles et quelque funestes qu'elles soient à la
chose publique, les meneurs de cette Société s'abandonnèrent
à leur bile irascible.

L'épanchement de mon âme, les vérités que je croyais
utiles à mon pays furent présentés comme autant de perfidies,
comme autant de trahisons.

Ainsi, je fus montré comme coupable d'avoir sacrifié les
devoirs du citoyen et ceux de l'honnête homme que mes
ennemis n'ont jamais connus, ni respecté.

Ainsi, un membre du Tribunal fit la motion, dans la

séance du 5 juin, de me déclarer traître à ma Patrie et de me rayer du tableau de la Société.

Cette motion fut ajournée, mais ce ne fut que dans le dessin de distiller plus de venin dans une autre séance.

Le 7, les membres du District, ceux du Conseil de la Commune et le Tribunal se réunirent en Assemblée Générale pour y prendre contre la Convention un arrêté dont je ne fais ici que rappeler la date, j'aurai l'occasion dans un instant, d'en faire connaître la teneur.

Le triomphe de ces trois autorités contre-révolutionnaires n'était pas complet encore ; il leur fallait une victime particulière de la Montagne, parce que ce n'est que là qu'on peut la trouver pure en patriotisme et il ne leur manquait que mon sang, pour écrire leurs arrêtés liberticides.

Le 8 juin, ces trois Corps constitués se réunirent encore extraordinairement dans la salle de la Société. Là, tour à tour, ces fonctionnaires publics qui, la veille, avaient commis un crime de lèse nation, se livrèrent et contre la Convention et contre moi aux déclamations les plus atroces.

J'y fus présenté comme un monstre « parce que je partageais les principes destructeurs de la Montagne, de cette Faction qui existe dans la Convention Nationale, qui désorganise tout, qui donne l'impulsion à tous les massacres dont Paris et les autres points de la République sont le théâtre, qui veut ravir à tous les Français leurs propriétés ».

Ils mirent en principe que « tous ceux qui faisaient partie de cette Montagne ne pouvaient être que de mauvais citoyens, qu'ils ne pouvaient conserver la confiance publique, etc... ».

**41**

Quelques Sociétaires voulurent embrasser ma défense et ma justification, voulurent défendre les principes de la Montagne, leur voix fut étouffée par la menace d'être compris dans la même proscription.

Pouvais-je échapper à la rage de ces tigres, les ennemis des hommes? Je fus déclaré traître à ma Patrie, je fus déclaré indigne de la confiance publique. Mon nom fut rayé du registre de la Société, toute correspondance avec moi fut interdite. Défense de recevoir mes lettres, défense de m'en écrire.

La frénésie de quelques hommes vendus à l'aristocratie fut portée plus loin. Ils ont fait abattre et brûler sur la place publique, en face de la maison qu'habitent le Juge de paix et le Commissaire National près le Tribunal, dont je ne puis prononcer le nom sans qu'une sueur froide me monte au front, ils ont fait brûler l'arbre de la Fraternité que quelques sans-culottes avaient planté devant ma maison lors de mon arrivée en qualité de Commissaire pour le recrutement.

Ils ont poussé durant le feu qu'alimentait cet arbre les regrets de ne m'avoir pas en leur pouvoir pour me faire dévorer par les mêmes flammes.

Je ne touche pas encore au terme de toutes les scélératesses de ces meneurs contre-révolutionnaires.

Ils ont écrit dans les départements voisins et notamment à la Société Populaire de la ville d'Excideuil, chef-lieu de District du département de la Dordogne, que j'avais indignement trahi ma Patrie, que j'avais renvoyé en Suisse ma femme et mes enfants qui, depuis les premiers mois de la Législa-

Rue Pardoux Bordas, à Saint-Yrieix

*Septembre 1926*

A droite de la maison de l'horloger Lassagne se trouve celle (marquée d'une croix)
de la famille Bordas où est né Pardoux, le 14 octobre 1748.

ture, partagent avec moi mes tendres sollicitudes sur le sort de notre commune-patrie. Ils ont écrit que j'avais vendu mon bien. Ils ont, pour mettre le comble à leurs crimes, pour porter sans doute le peuple à incendier mes autres propriétés, ils ont fait répandre que *moi-même j'avais émigré, emportant avec moi deux millions,* vils esclaves de la fortune, hommes passionnés de la soif des richesses.

Fier de ma conscience, fier de mes principes, je doutais encore que des hommes salariés par la Nation, je doutais que ces trois autorités constituées de la même ville eussent pu se rendre coupables et accumuler sur leurs têtes autant de forfaits.

Je me plus à ne les croire qu'égarés et j'espérai leur retour. J'écrivis pour demander une explication. J'en promis une satisfaisante mais toutes mes lettres sont restées sans réponse. Je suis même bien instruit que l'un des principaux coupables foula au pied ma dernière lettre, au sein de la Société.

Calomnier, outrager, déchirer ce parti n'est-ce pas se déclarer ouvertement les complices des Buzot, des Barbaroux et de toute cette clique infernale qui, depuis l'instant qu'elle a vu ses crimes dévoilés, promène dans différents départements la torche de la guerre civile?...

Eveillez-vous, citoyens, si vous voulez arrêter et détruire, dans son principe, le nouveau despotisme bourgeois qui cherche à s'élever sur les ruines des deux premiers...

Les Administrateurs et les Juges du District de Saint-Yrieix que je me contente de dénoncer, qui se déclarent tout à la fois mes accusateurs et mes juges sans vouloir même m'entendre, partageaient, avec ardeur, les principes mortifères que renfermait le bulletin pendant le triomphe des meneurs du côté droit.

Mais à peine les Commissaires Républicains eurent-ils réintégré leur poste, à peine la chance fut elle-même chancelante, qu'ils mirent en délibération s'ils continueraient à lire publiquement le bulletin qui fut rendu au vrai principe et à l'objet de son institution primitive. Cette lecture leur répugnait parce que l'ouvrage était celui de la Montagne.

La Société Républicaine de Limoges, qui toujours veille en fut instruite. Elle en fut indignée ; elle provoqua et le Comité de Salut Public envoya deux Commissaires à Saint-Yrieix pour y réveiller l'esprit public, pour y déjouer les complices de ces odieux meneurs, pour y éclairer le peuple qui veut, sincèrement et de bonne foi, la liberté et l'unité de la République ; pour échauffer ce bon peuple qui n'a jamais connu d'autre point de ralliement que la Convention et pour lui montrer tous les malheurs que lui préparaient les égoïstes, les ambitieux, les modérés, les aristocrates et les scélérats dont il s'entourait. Mais, ces Administrateurs, mais ces juges perfides qui se virent sur le point d'être démasqués mirent en question si ces commissaires devaient ou non être admis. C'était déjà les éconduire et ils le furent, en effet, et ils rentrèrent au sein de la Société de Limoges où ils ne rapportèrent que les regrets de n'avoir pu remplir leur mission, de n'avoir pu exécuter leur projet, de n'avoir pu prêcher à Saint-Yrieix la morale qui inspire le tendre amour de la Patrie.

C'est ici le lieu de faire connaître l'arrêté des trois autorités constituées de Saint-Yrieix dont je n'ai fait que rappeler la date. Il en est des traîtres et des conspirateurs comme des plantes venimeuses (*sic*) qu'il faut apprendre à bien distinguer afin d'en éviter les dangereux effets.

Je descends dans cette satrapie où les juges et les administrateurs se réunirent le 7 juin pour porter à la Liberté des coups plus assurés.

Là, pour verser sur leurs concitoyens tout le poison qui déjà avait distillé de leurs âmes; là, pour reporter tous leurs crimes sur leurs concitoyens qui, par leurs sacrifices, par les secours de toute espèce et par le nombre étonnant de défenseurs qu'ils ont fournis à la Patrie n'ont cessé de bien mériter d'elle, ils eurent l'impudence de consigner sur leur procès-verbal qu'ils s'étaient réunis sur l'invitation de la Société pour prendre en considération les dangers auxquels les dissensions de la Convention exposaient la République.

C'est dans cette réunion que ces corps constitués prirent un arrêté par lequel « ils rejettent impudemment sur la Montagne tous les malheurs qui désolent la France, par lequel ils désignent la Montagne sous le nom de Faction qui a pour chefs les provocateurs au meurtre, au pillage et au despotisme ; par lequel ils ne reconnaissent de ce côté, que des anarchistes qui s'enveloppent du manteau du patriotisme ; par lequel ils ne voient de ressources que dans le renouvellement de la Convention ; par lequel ils provoquent les assemblées primaires ; d'après lequel ils envoient dans cet objet trois Commissaires au Département ».

Ils font plus : ils arrêtent « que par des courriers extraordinaires leur procès-verbal sera porté au District du Département avec une missive portant invitation d'y adhérer. »

Ils en arrêtent l'impression qui a eu lieu et l'envoi à tous les Départements de la République.

Français, vous connaissez l'arrêté que les Administrateurs, que les juges de Saint-Yrieix ont pris le 7 juin contre la Convention. Vous connaissez donc aussi leurs attentats contre la Liberté et contre la représentation nationale.

Je ne chercherai point à légitimer la dénonciation que j'en fais à la France, je ne chercherai point à justifier Paris, à justifier la partie de la Convention qui a été si scandaleusement outragée, parce que je sais que les insectes qui s'attachent à la quille du vaisseau ne l'empêchent pas de flotter sur la surface des mers...

Paris a mis le comble à ses travaux civiques par l'insurrection du 31 mai et jours suivants ; sans cette insurrection morale, sans cette insurrection produite, dirigée par un peuple vertueux et éclairé, tout le fruit des précédentes était perdu ; celle du 14 juillet 1789, celle du 10 août 1792 étaient anéanties ; elles n'étaient plus rien ; le sang déjà versé n'eut plus servi qu'à souder, qu'à renouer les chaînes des Français ou à les livrer à de nouveaux tyrans.

Cette dernière insurrection doit être chère à jamais à tout être en qui l'abrutissement ou la fureur n'a pas éteint tout sentiment de raison et d'humanité.

Bordas fut élu secrétaire de la Convention le 29 juin 1794. Un décret du 19 novembre suivant (29 brumaire, an III) l'envoya en mission dans les départements de la Charente, du Bec d'Ambès et de la Dordogne.

Il quitta Paris le 21 novembre et n'y rentra que le 26 mars 1795.

Le compte rendu de ses opérations nous révèle une particularité digne d'être retenue : Il eut comme Secrétaire Pierre Dumas, ex-président du Tribunal Criminel de la Haute-Vienne.

Or, Pierre Dumas était l'un des chefs du parti constitutionnel ou modéré.

Emprisonné à Paris, par ordre du Comité de Sûreté Générale, il fut remis en liberté au mois d'octobre 1794, vraisemblablement à la suite de démarches faites par Bordas.

Serait-il téméraire d'avancer que les décisions, pour la plupart d'une réelle modération prises par ce dernier, se ressentirent de l'influence que dut exercer sur le représentant du Peuple celui qu'il nous représente comme son collaborateur bénévole? Du reste, nous savons que, dès le début de sa mission dans la Gironde et la Dordogne, Bordas réorganisant les Tribunaux avait appelé à siéger comme Commissaire du pouvoir exécutif, près le Tribunal de Nontron, M. de Verneilh-Puirasseau, son ancien Collègue à la Législative quelque peu compromis par les votes en faveur de Lafayette.

Sur son refus d'accepter cette charge, il le nomma juge au même Tribunal (de Verneilh, *Mes Souvenirs*, page 196). Il devait lui en garder une indéfectible gratitude.

Avant tout, la question des subsistances préoccupa Bordas. Il prit des mesures en vue de l'approvisionnement de Bordeaux notamment, et il put donner à la population l'assurance que si les circonstances la privaient du superflu, du moins elle ne manquerait pas du nécessaire.

On était en plein hiver et la rareté du combustible éveillait des inquiétudes. Par un arrêté du 26 décembre, il institua un bureau muni de tous pouvoirs pour résoudre les questions ayant trait à l'achat de bois dans les campagnes, aux transports et aux distributions. Une somme de 200.000 livres fut avancée à la Municipalité pour cet objet. Le même jour, Bordas prononçait au Cercle National un discours dans lequel, rappelant les revers qui s'étaient abattus sur Bordeaux, il se déclarait prêt à faire justice des assassins et des dilapidateurs. « Celui, dit-il, qui, d'un mot traînait ses victimes à l'échafaud, qui fit couler sous vos yeux le sang le plus pur, qui couvrit vos places publiques de têtes livides et de cadavres mutilés, a perdu la vie aux acclamations d'un peuple vengé trop tard ».

(Il s'agit du fameux Lacombe).

« Les complices n'échapperont pas aux peines qu'ils ont méritées. »

Il s'était trouvé à Bordeaux des geôliers qui, sans aucun fruit pour la chose publique, par simple raffinement de cruauté, avaient multiplié les privations, aggravé l'état des détenus, en un mot outrepassé les règles de sévérité qui leur étaient prescrites.

Par un arrêté fortement motivé qui porte la date du 14 nivôse, Bordas chargea les municipalités, sous leur responsabilité, de veiller étroitement à la police des prisons, de réprimer tous abus et de procurer, dans un but d'humanité, aux détenus, toutes les facilités et commodités non prohibées par la loi.

Convaincu que l'homme est enclin à se faire du pouvoir une habitude et qu'il s'use cependant dans les places et dignités, il se déclare partisan du renouvellement partiel et périodique des corps constitués.

Et, par un arrêté du 16 nivôse, il réorganise l'Administration du District, la Municipalité et le Comité de Surveillance de Bordeaux.

« Dans certaines communes, les cloches, désormais destinées aux convocations publiques, étaient employées à sonner trois fois par jour, croit devoir déclarer Bordas, cette ancienne et risible rubrique connue sous le nom d'angélus. Le jour des fêtes anciennes et l'heure des offices étaient annoncés par une sonnerie extraordinaire. »

« On voulut voir là une manœuvre des ennemis de la Révolution abusant de la crédulité publique pour provoquer la restauration du fanatisme. »

En conséquence, défense de sonner les cloches pour des cérémonies religieuses. Des recherches seront faites pour connaître les localités où l'on sonne l'angélus ou les offices du culte. Les cloches seront descendues et ceux qui ordonneraient les sonneries seraient mis en état d'arrestation. »

Tel est le sens d'un arrêté pris par Bordas le 26 nivôse.

Sa mission terminée, il rentra à Paris et présenta le compte rendu ci-après, qui a trait surtout aux dépenses que celle-ci avait nécessitées.

49

Compte rendu à la Convention Nationale en
exécution du décret du 21 nivôse, l'an III,
par Bordas, représentant du Peuple, des
dépenses qu'il a faites et de l'emploi des
sommes qu'il a touchées pendant sa mission
dans les départements de la Charente, de la
Gironde et de la Dordogne :

Je reçus par décret du 29 brumaire tous les pouvoirs des
autres représentants du Peuple dans les Départements.

Je partis de Paris le premier frimaire, j'y suis rentré le
5 germinal.

Je fixai d'abord le lieu de mes séances à Angoulême. De
tous les Districts de la Charente, celui de Confolens est le seul
que j'aie eu le regret de ne pas visiter. J'habitai ensuite Bordeaux deux mois sans interruption, j'y conservai le ménage
et les bureaux que mes collègues y avaient montés et établis.

Je me rendis ensuite à Périgueux, chef-lieu de département de la Dordogne où je vis expirer mes pouvoirs.

Partout je m'entourai d'hommes probes pour éclairer mes
opérations ; ils ont trouvé leur récompense dans l'opinion
publique qui me les avait indiqués et dans l'estime particulière
qu'ils m'avaient inspirée.

Pierre Dumas, Président du Tribunal Criminel du Département de la Haute-Vienne, m'a accompagné dans ma mission
moins en qualité de secrétaire que comme mon collaborateur,
mon ami, celui des principes, il a partagé toute ma sollicitude
pour le bien public, mes soins, mes travaux, mes courses, mes
veilles et jusqu'au poison que des fripons ont, par la voie de

quelques folliculaires, vendus au premier venu, tenté de jeter sur la plus intéressante de mes opérations. C'est l'unique récompense qu'il eut ambitionnée, c'est aussi la seule qu'il ait reçue.

J'ai employé plusieurs commissaires pour faire des courses que commandait l'intérêt public, ils n'ont accepté que le remboursement des frais de leurs voyages.

J'ai fait réparer en route la voiture qui m'avait été livrée en partant. Je l'ai laissée à Bordeaux dans la Maison Nationale Saige, d'où j'en ai retiré une qui m'a ramené à Paris. J'ai fait aussi réparer celle-ci à Montpont, Périgueux et enfin à Limoges où j'ai fait renforcer de quatre lames les quatre ressorts.

Je n'ai imposé aucune taxe, je n'ai reçu aucun don patriotique.

Il ne reste plus que de connaître les sommes que j'ai touchées pour ma mission et celles que j'ai déboursées.

Recette :

J'ai reçu de la Trésorerie Nationale avant mon départ . . . . . . . . . . . . .    8.000 livres
A Bordeaux du Payeur Général sur mon arrêté . . . . . . . . . . . . .    8.000 livres
Total . . . . . . . . .    16.000 livres

Dépense :

Suivant l'état détaillé que j'ai remis au Comité des Inspecteurs de la Salle, j'ai dépensé pour nourriture en route, bois, lumière, gages, salaires, secours, frais des différents Commissaires, achat de corde, dépense ou salaire du conducteur des chevaux pris au dépôt d'Angoulême, réparations aux deux voitures, aux portes, cheminées et bureaux de la Maison Nationale de Bordeaux et, enfin, pour l'achat du Recueil des lois révolutionnaires . . . . . . . 14.753 livres 18 sols

Frais de poste pour l'entière mission, passage de rivières et portefaix. . . . . . . . . . . . 5.375 livres

Total de la dépense. . 20.128 livres 18 sols

La dépense excède donc la recette de 4.128 livres 18 sols dont les membres composant le Comité des Inspecteurs de la Salle sont invités à me faire délivrer un mandat sur la trésorerie.

Je n'ai rappelé que les sommes que j'ai réellement déboursées, il en est d'autres telles que frais d'impression, fournitures et différents bureaux, salaires des commis, etc., pour lesquelles j'ai tiré des mandats sur le Payeur Général ; celles-ci n'ont pas été versées dans mes mains et l'emploi en est constaté par mes arrêtés.

Signé : BORDAS.

Plus tard, il fut encore envoyé en mission dans le Lot-et-Garonne.

(*Archives Nationales*, AD XVIII-10).

Bordas parut vouloir se consacrer à l'étude des questions de finances. Il s'occupa surtout, en effet, d'objets de liquidation pour lesquels il fit rendre plusieurs décrets. Pourtant, le 28 prairial an III (16 juin 1795) il prononça un long discours sur les bases de la Constitution, qui lui valut quelques réputation et contribua à le faire entrer dans le Comité de Sûreté Générale.

Dans ce discours, il combattit l'avis de la' Commission Spéciale sur plusieurs points, notamment sur les pouvoirs à donner aux assemblées primaires et les dénominations proposées pour le corps législatif. « Le mot de *Conseil*, disait-il, me semble insignifiant et trivial ; celui d'*Anciens* a quelque chose de dérisoire. J'aimerais mieux qu'une des sections s'appelât *Chambre des Cinq-Cents* et l'autre *Sénat*. Ces noms, plus caractéristiques, plus augustes, ces noms réveillent de grandes idées en rappelant de grands souvenirs. Ils commanderaient mieux le respect par cela seul que le temps les a consacrés. »

Il se prononça aussi pour une réunion des deux Chambres, qui, en cas de désaccord, délibéreraient en commun. « On éviterait par là les grands chocs et ce serait déjà beaucoup ».

Les intrigues incessantes des partis lui inspirèrent les lettres suivantes.

Lettre de Bordas au citoyen Dumas, Président du Tribunal Criminel :

Paris, le 20 fructidor, 3e Année Républicaine.

Grandes menaces, grands projets ! Mais aussi grandes mesures pour déjouer et les royalistes et les fanatiques. Qu'ils tremblent ! Leur espoir est au moment de sa chute. Appel à tous les patriotes de 89 ! Que ces vétérans se rallient ! La Convention les y invite. Elle attend tout de leur réunion, de leur énergie, de leur force. Qu'ils serrent les rangs ! Le nombre de leurs ennemis ne doit pas se compter. Ces derniers ne sauraient soutenir le regard assuré des hommes libres. Les hommes libres ! ils trouveront plus que jamais de nombreux défenseurs dans leurs représentants.

La séance d'hier allongea des figures. Celles à fleurs de lys et d'enfant Jésus devinrent jaunes. Paris, dans son tombeau, fut un très petit convulsionnaire ; les effets de cette séance furent plus merveilleux. Elle fut animée, elle fut chaude. Aujourd'hui, le grand dénouement, de grandes révélations sont promises ! A bas les prêtres ! A bas les Royalistes ! Vivent les Patriotes ! A bas les prêtres, ils seront aujourd'hui frappés dans le vif. Ils vont rentrer dans le néant et il ne nous restera d'eux bientôt que le souvenir des maux qu'ils ont faits à la France et des maux plus grands qu'ils lui préparaient.

Ami, tu as servi la Révolution, rappelles tes forces pour la servir de plus en plus dans ce moment de crise. Que les vieux amants de la Liberté déploient leurs drapeaux au milieu des

Assemblées ! Que l'énergie patriotique étouffe la fureur des hommes qui ne sont nés que pour l'esclavage.

A toi, mon bon ami, force, joie et santé. A nos camarades d'armes, à tous les Républicains salut, énergie et triomphe.

Signé : BORDAS.

Lettre de Bordas à l'Assemblée primaire de la Section de la Liberté à Limoges :

Paris, le 30 fructidor, 3<sup>e</sup> Année Républicaine.

Citoyens,

Vous fûtes toujours inspirés par le génie de la Liberté. Lui seul a dicté vos choix, lui seul pouvait tracer la conduite ferme et sage que vous avez tenue. Qu'elle a été douce pour moi la commission de faire connaître votre surveillance et vos travaux aux Comités de Gouvernement. Le premier, j'y avais applaudi ; votre gloire a été plus complète ; l'assentiment a été général.

Il m'a fallu sacrifier à des raisons politiques le désir de vous proclamer à la tribune. Le moment s'en présente. Vos adresses le feront naître.

J'ajouterai, citoyens, déjà tous les membres de la Convention sont instruits de vos procédés. Tous ont partagé ma foi et je partage la justice qu'ils vous ont rendue.

Salut à tous les Républicains, paix, union et concorde.

Signé : BORDAS.

En même temps, il écrit à Dumas, Président de la Section de la Liberté :

Ami ! Quels contrastes n'offre pas la Commune de Limoges et celle de Paris. La première chérit et protège les amis, les défenseurs de la Liberté. La seconde voudrait les voir disparaître de la terre des vivants. La première ouvre les dernières bastilles. La seconde voudrait en multiplier le nombre et les verrous. La première respecte les lois, l'autre les outrage. La première honore les mandataires du Peuple ; l'autre a pris à tâche de les traîner dans la boue. La première se met en permanence pour soutenir le zèle, pour défendre les travaux de la Convention, l'autre est en permanence pour voir arracher la pierre angulaire du grand édifice. La première donnerait sa vie pour assurer l'ordre et la tranquillité. Dans la seconde on tente tout pour désorganiser, pour semer partout le désordre.

Ami, loin de moi, sans doute, d'appliquer ce tableau effrayant à tous les habitants de la commune de Paris. Je connais en mon particulier et nul ne désavouera les services éclatants qu'ils ont rendus à la Révolution ; je rends en nom particulier et avec moi tout bon Français rendra hommage aux vrais Parisiens ; mais cette grande cité est devenue depuis quelque temps l'asile de tous les contre-révolutionnaires. Les émigrés, les déportés, les correspondants des uns et des autres, les espions, les agents des puissances étrangères y trouvent un abri à l'aide duquel ils calculent nos maux et combinent les moyens de les aggraver. Les intrigants, les ambitieux, les hommes couverts de crimes sont les seuls que j'entende désigner, parce que, eux seuls, font tout pour égarer le peuple trop crédule, en faire dévier l'opinion. Eux seuls, par de nouveaux crimes, espèrent couvrir leurs vieux forfaits.

Mais, bientôt, les Parisiens démasqueront eux-mêmes les hommes qui les ont séduits et trompés. Ils les livreront eux-mêmes à l'opprobe qui les attend. Les effets de la séduction sont prompts, mais ils ne sont pas durables.

Le vœu de la France va être connu. Je puis, je dois même t'annoncer, que déjà nous avons, au Comité, des procès-verbaux et la preuve que la très grande majorité des Français a accepté la Constitution et les Décrets des 5 et 15 fructidor.

La proclamation du vœu général ramènera l'ordre et la paix. Elle conservera nos têtes menacées car elles l'ont été et elles le seront encore. Mais que nous importe la mort pourvu que la liberté nous survive.

La Liberté! Mon bon ami, elle est impérissable. Les patriotes sauront la conserver. Confiée à leur garde, ils la transmettront à leurs descendants qui auront sucé (*sic*) leurs principes.

Les Comités de Gouvernement ont applaudi aux motifs qui ont déterminé la mesure que les sections de Limoges ont prise. Ils y voient l'amour ardent et recommandable de la

Patrie. Continuez, mes chers Concitoyens, à bien mériter d'elle ! Elle fut, elle sera toujours reconnaissante et notre salle retentira des applaudissements qui vous sont dus.

Salut et Fraternité.

Signé : BORDAS.


Après la journée du 13 vendémiaire, il écrit à son ami Dumas :

Ami, Paris fut rebelle, Paris est vaincue ; la Liberté a été outragée, la Liberté a triomphé. Les royalistes ont brûlé les premières amorces, ils ont été criblés par les Républicains. Le sang a coulé ; le Génie invisible qui soutient nos droits a conservé celui de nos défenseurs. Nous avons perdu peu de monde, notre mitraille a fait justice des Royalistes. Les différents champs de batailles en sont restés couverts. Le feu commença à 4 heures, le 13 ; le canon grondait encore à 11 heures du soir ; partout, l'action a été chaude et vive : moins de 12.000 Républicains ont exterminé ou dissipé plus de 40.000 Royalistes. Douze Républicains ont enlevé deux pièces de canons et fait deux cents prisonniers. Le nombre de ces derniers est considérable, il augmente à chaque minute. Le désarmement continue, il faut que la Victoire soit complète pour les Patriotes. L'affaire et les dangers du 10 août ne peuvent se comparer à la journée du 13 vendémiaire.

La Liberté est sauvée, mon ami ; prenons les moyens de la consolider. Veillons nos ennemis, mais soyons justes et humains ; attendons tout de la loi et des mesures que la Convention va prendre.

Je suis harassé ; je t'embrasse.

Salut et amitié à tous les Patriotes.

Signé : BORDAS.

Paris, le 14 vendémiaire, l'an quatrième
de la République Française, une et indivisible.

Le 21 vendémiaire an IV (13 octobre 1795), Bordas fut élu, par son Département, député au Conseil des Cinq Cents par 147 voix sur 230 votants, au premier tour de scrutin. Il intervint dans plusieurs débats ou présenta, sur divers sujets, des rapports que l'on trouvera mentionnés dans la bibliographie qui clos la présente notice.

Il propose notamment des moyens de rétablir le crédit des assignats.

Il sortit des Cinq Cents par tirage au sort et passa au Conseil des Anciens. Il y fut élu le 23 germinal an V (12 avril 1797) par la Haute-Vienne ; le siège fut vivement disputé et Bordas n'obtint après plusieurs tours de scrutin que 110 suffrages sur 222 votants.

Au 18 fructidor, il parla avec véhémence sur la nécessité d'être inexorable envers le parti vaincu et d'éviter le reproche fait au héros de Carthage : « Tu sais vaincre, mais tu ne sais pas profiter de la victoire ».

En conséquence, il vota la déportation en masse des Clichiens, c'est-à-dire des conjurés désignés dans le rapport de Bailleul.

Elu le 30 vendémiaire an VI (21 octobre 1797) Secrétaire du Conseil des Anciens, il se vit appeler le 1ᵉʳ ventôse (19 février 1798) à la Présidence de cette Assemblée. Il célébra, le 4 mars, l'entrée des Français à Rome, et, lors de la fête de la souveraineté du Peuple, il prononça le discours d'usage.

Le 22 floréal (12 mai), il s'éleva contre le projet d'annulation totale des élections de l'an VII, et quand eut été votée la loi qui cassait les opérations des assemblées scissionnaires, il écrivit à ses commettants : La lutte qui s'est élevée entre les Républicains de notre Département est enfin décidée.

Entre eux, la justice suprême a prononcé. Les deux Conseils ont, à l'unanimité, annulé les opérations de l'intrigue et de l'ambition.

Les défenseurs de l'Assemblée-Mère n'ont même pas eu besoin de prendre la parole. Mais ne nous le dissimulons pas, à son état-major prêt, qui aurait tout sacrifié à son ambition, l'assemblée scissionnaire, elle aussi, était composée de républicains... Tout avait été calculé, disposé, exécuté pour diviser de bons citoyens. Tous les efforts doivent tendre à l'Union... Il faut rappeler, par la sagesse, ceux que l'intrigue, les promesses, les menaces ou la crainte, l'intérêt ou la faiblesse avaient fourvoyés. Il suffit de réduire à la nullité, à l'impuissance de faire le mal les chefs, les auteurs de ces nouvelles et infernales manœuvres.

Le 1ᵉʳ octobre, autre discours de Bordas sur la conscription,

# L O I

## Du 19 Brumaire, an VIII de la République française une et indivisible.

Le Conseil des Anciens, adoptant les motifs de la déclaration d'urgence qui précède la résolution ci-après, approuve l'acte d'urgence.

*Suit la teneur de la Déclaration d'urgence & de la Résolution du 19 Brumaire :*

Le Conseil des Cinq-cents, considérant la situation de la République.

Déclare l'urgence, et prend la résolution suivante :

ART. 1.er Il n'y a plus de Directoire ; et ne sont plus membres de la Réprésentation nationale, pour les excès et les attentats auxquels ils se sont constamment portés, et notamment le plus grand nombre d'entre eux, dans la séance de ce matin, les individus ci-après nommés :

Joubert ( de l'Hérault ) ;
Jouanne ;
Talot ;
Duplantier ( de la Gironde ) ;
Aréna ;
Garau ;
Quirot ;
Leclerc-Scheppers ;
Brische ( de l'Ourthe ) ;
Poulain-Grandprey ;
Bertrand ( du Calvados ) ;
Goupilleau ( de Montaigu ) ;
Daubermesnil ;
Marquezy ;
Guesdon ;
Grandmaison ;
Groscassand-Dorimond ;
Frison ;
Dessaix ;
Bergasse-Lasiroulle ;
Montpellier ;
Constant ( des Bouches-du-Rhône ) ;
Briot ;
Destrem ;
Carrère-la-Garrière ;
Gorrand ;
Legot ;
Blin ;
Boulay-Paty ;
Souilhé ;
Demoor ;
Bigonnet ;
Mentor ;
Boissier ;
Bailly ( de la Haute Garonne ) ;
Bouvier ;
Brichet ;
Honoré Déclerck ;
Housset ;
Gastaing ( du Var ) ;
Laurent ( du Bas-Rhin ) ;
Beitz ;
Prudhon ;
Porte ;
Truck ;
Delbrel ;
Leyris ;
Doche ( de Lille ) ;
Stevenotte ;
Jourdan ( de la Haute-Vienne ) ;
Lesage-Senault ;
Chalmel ;
André ( du Bas-Rhin ) ;
Dimartinelli ;
Colombel ( de la Meurthe ) ;
Philippe ;
Moreau ( de l'Yonne ) ;
Jourdain ( d'Ille-et-Vilaine ) ;
Letourneux ;
Citadella ;
Bordas.

II. Le Corps législatif crée provisoirement une Commission consulaire exécutive, composée des C.ens *Sieyes*, *Roger-Ducos*, ex-directeurs, et *Bonaparte*, général, qui porteront le nom de *Consuls de la République française.*

III. Cette commission est investie de la plénitude du pouvoir directorial, et spécialement chargée d'organiser l'ordre dans toutes les parties de l'administration, de rétablir la tranquillité intérieure, et de procurer une paix honorable et solide.

IV. Elle est autorisée à envoyer des délégués, avec un pouvoir déterminé, et dans les limites du sien.

V. Le Corps législatif s'ajourne au 1.er ventôse prochain ; il se réunira de plein droit à cette époque, à Paris, dans ses palais.

VI. Pendant l'ajournement du Corps législatif, les membres ajournés conservent leur indemnité, et leur garantie constitutionnelle.

VII. Ils peuvent, sans perdre leur qualité de Représentans du peuple, être employés comme ministres, agens diplomatiques, délégués de la Commission consulaire exécutive, et dans toutes les autres fonctions civiles. Ils sont même invités, au nom du bien public, à les accepter.

VIII. Avant sa séparation, et séance tenante, chaque Conseil nommera dans son sein une commission composée de vingt-cinq membres.

IX. Les commissions nommées par les deux Conseils, statueront, avec la proposition formelle et nécessaire de la Commission consulaire exécutive, sur tous les objets urgens de police, de législation et de finance.

X. La commission des Cinq-cents exercera l'initiative ; la commission des Anciens, l'approbation.

XI. Les deux commissions sont encore chargées de préparer dans le même ordre de travail et de concours, les changemens à apporter aux dispositions organiques de la Constitution, dont l'expérience à fait sentir les vices et les inconvéniens.

XII. Ces changemens ne peuvent avoir pour but que de consolider, garantir et consacrer inviolablement la souveraineté du Peuple français, la République une et indivisible, le système représentatif, la division des pouvoirs, la liberté, l'égalité, la sûreté et la propriété.

XIII. La Commission consulaire exécutive pourra leur présenter ses vues à cet égard.

XIV. Enfin, les deux commissions sont chargées de préparer un code civil.

XV. Elles siégeront à Paris dans les palais du Corps législatif ; et elles pourront le convoquer extraordinairement pour la ratification de la paix, ou dans un plus grand danger public.

XVI. La présente sera imprimée, envoyée par des courriers extraordinaires dans les départemens, et solennellement publiée et affichée dans toutes les communes de la République.

*Signé* LUCIEN BONAPARTE, *présidens ;* EMILE GAUDIN, BARA, *secrétaires.*

Après une seconde lecture, le Conseil des Anciens APPROUVE la résolution ci-dessus. A Saint-Cloud, le 19 Brumaire, an VIII de la République française.

*Signé* JOSEPH CORNUDET, *ex-présidens ;* HERWYN, P. C. LAUSSAT, *ex-secrétaires.*

Les Consuls de la République française ordonnent que la loi ci-dessus sera publiée, exécutée, et qu'elle sera munie du sceau de la République. Fait au palais national des Consuls de la République française, le 20 Brumaire an VIII de la République. *Signé* ROGER-DUCOS, BONAPARTE, SIEYES.

---

( N.° 3414. ) *ARRÊTÉ des Consuls de la République.*

Du 20 Brumaire.

LES CONSULS DE LA RÉPUBLIQUE, après avoir entendu le ministre de la justice, ARRÊTANT :

LES fonctionnaires institués par le Directoire exécutif, et dont les pouvoirs n'ont pas été révoqués, continueront à exercer, en vertu de l'arrêté de leur nomination, jusqu'à ce qu'il en ait été autrement ordonné.

Le présent arrêté sera imprimé ; les divers ministres, chacun en ce qui le concerne, sont chargés de son exécution.

*Signé* BONAPARTE, SIEYES, ROGER-DUCOS.

*Pour copie conforme ; le secrétaire général, signé* LAGARDE.

Certifié conforme :

*Le Ministre de la Justice,*

CAMBACÉRÉS.

---

* La publication du Bulletin 313, contenant des lois antérieures au 18 Brumaire, est retardée.

A LIMOGES;
Chez LES FRÈRES DALESME, Imprimeurs du Département

c
I

C
1
4
le

ti
lo
é
R

se
de

be
à
l'a
bli
de
Il
me
ava
san
infe

discours très énergique se terminant par ces mots : « Le premier coup de canon ».

En juin 1799, il attaqua violemment le Directoire auquel il reprochait d'avoir, par son impéritie, occasionné les revers de l'Armée Française en Italie. Dans la séance du 2 juillet, il l'accuse de dépraver l'esprit public par un faux système de gouvernement. Opposé aux visées de Bonaparte qui, plus tard, ne manquera pas cependant de consacrer la valeur du législateur Arédien, en lui confiant le soin, au Ministère de la Justice, de l'organisation judiciaire en France, BORDAS vit le Coup d'Etat du 18 brumaire mettre fin à sa carrière parlementaire. Il fut, en effet, l'un des « 61 individus » éliminés du Corps législatif par la loi du 19 brumaire « pour les excès et les attentats auxquels ils se sont constamment portés et, notamment, le plus grand nombre d'entre eux dans la séance de ce matin ».

BORDAS figure le dernier sur la liste des 61 éliminés du Corps législatif.

Voici, du reste, la reproduction du texte même de la loi parue dans le Bulletin qu'imprimaient, à Limoges, en l'an VIII de la République, les frères DALESME, document en notre possession.

On sait que, parmi les hommes de la Révolution, un très grand nombre ne répugnèrent pas à une adhésion qui pouvait être considérée comme une abjuration de leur foi politique.

BORDAS qu'on avait vu s'aventurer un moment jusqu'au confin du parti avancé, se rallia-t-il au Gouvernement Consulaire et, plus tard, à l'Empire ? Il y paraît bien, puisqu'on le retrouve d'abord, de 1799 à 1807, ainsi que nous l'énoncions plus haut, chef de division au Ministère de la Justice, puis Juge suppléant à la Cour de Justice Criminelle de la Seine.

Situations modestes, si on les compare à celles de presque tous les anciens Collègues de Bordas au Conseil des Anciens. Devenus comtes ou sénateurs, ils avaient des hôtels et des livrées, et fréquentaient assidûment les Tuileries.

Dès l'année 1795, de laquelle il data plus tard son avènement, le comte de Provence avait promis l'amnistie à ses futurs sujets, n'exceptant que les *votants*, c'est à-dire ceux qui, parmi les conventionnels, avaient voté la mort de Louis XVI.

En 1797, en 1799 et, très explicitement dans sa proclamation de Colmar contre l'établissement de l'Empire, il avait, dans le but de s'attirer des partisans, déclaré effacer cette exception.

Enfin, devenu roi, il avait, dans l'article 10 de la Charte, traduit en ces termes les paroles de pardon inscrites dans le testament de son frère : « Toute recherche des opinions et des votes jusqu'à la Restauration est interdite ».

Aussi bien, alors même que le souvenir de leur vote dans le procès de Louis XVI aurait encore troublé la conscience des anciens Conventionnels, ils pouvaient penser que l'oubli s'était fait sur les événements de janvier 1793 Comme l'exprime L. Pingaud dans le numéro de la *Revue de Paris* du 15 février 1896 sur les derniers Conventionnels : « Aucun de ces hommes ne soupçonnait qu'on put lui en vouloir après vingt et un ans d'avoir, dans une heure de crise et de vertige, aboli la royauté et tué le roi ».

Mais les Royalistes ne l'entendaient pas ainsi et ils taxaient d'immorale la clémence du souverain.

Le roi fera grâce, avaient-ils dit alors qu'ils étaient en émigration, mais les Parlementaires feront justice. Et maintenant, ils déclaraient : c'est avec le feu que l'on guérit les blessures faites par le feu.

Aussi, aux Cent Jours, quelques Conventionnels, des plus clairvoyants, convaincus de l'inanité de la protection légale qui leur avait été promise embrassèrent-ils avec ardeur la cause de Napoléon. Et, de fait, la Restauration une fois opérée, la réaction se donna libre carrière et alors commença la chasse aux ex-révolutionnaires depuis longtemps assagis. Les tracasseries et les pires humiliations s'abattaient sur les anciens membres de l'Assemblée Maudite.

A Saint-Yrieix, en particulier où déjà depuis plusieurs années des luttes très vives attisées par des haines personnelles, étaient engagées contre Pardoux Bordas, on redoubla de mauvais procédés à son endroit.

On ne voulait pas admettre les services judiciaires et administratifs que ce savant Juriste rendait à l'Empire, en occupant avec distinction l'une des plus importantes fonctions du Ministère de la Justice. On ne s'expliquait pas le choix qu'en avait fait Napoléon.

Déjà, dans les années précédentes, on avait tout fait, municipalement, pour renier le célèbre Conventionnel Arédien et le représenter comme transfuge et renégat, puisque, depuis l'an IV et à l'insu de l'intéressé, le Conseil l'avait rayé de la Cote personnelle et mobilière, de façon à le priver de ses droits de Citoyen et même alors que sa famille habitait, en majeure partie, la maison achetée et restaurée en l'an VI, et dont nous parlerons plus loin.

Ces graves démêlés s'envenimèrent pendant les années VIII et IX au point que Bordas fit appel des délibérations du Conseil Municipal concernant la privation de ses droits civiques, jusqu'au Ministre de l'Intérieur, qui lui donnait satisfaction.

Aussi, ne faut-il pas être surpris de constater avec quel empressement les autorités de la ville de Saint-Yrieix protestèrent de leur dévouement à la cause de la Royauté au moment du retour de l'Empereur. Voici la copie de ce curieux document.

Sire,

A la nouvelle de la rentrée de Napoléon Buonaparte sur le territoire de notre royaume, vos fidèles sujets, les membres du Conseil Municipal de Saint-Yrieix, ont été saisis d'étonnement pénétrés d'indignation, et, dans cette crise passagère, ils ont senti le besoin d'exprimer de nouveau tous leurs sentiments pour votre Majesté.

Qu'espère-t-il donc, dans sa folle audace, cet homme dont l'ambition effrénée a bouleversé l'Europe et fait peser un sceptre de fer sur un peuple sensible et généreux ?

Ah ! qu'il s'éloigne d'une terre où il a disposé tyranniquement de la fortune, de la Liberté et de la vie des Citoyens, où il n'est pas une famille qui n'ait à luy demander un père, un fils, un frère ou un époux.

Auteur de tous nos maux, il nous a laissés dans la misère, dans le deuil et le désespoir à la mercy (*sic*) d'armées étrangères qui ne respiraient que la vengeance ; votre nom, Sire, la haute opinion qu'on avait de votre sagesse et de vos vertus ont fait tomber les armes des mains de nos ennemis, et nous avons été préservés de l'invasion.

Aujourd'huy, nous respirons : nos plaies se cicatrisent, nous sommes heureux sous le Gouvernement paternel de notre souverain légitime et chéri...

Et qu'est-ce qui pourrait rompre ou même relâcher les liens qui nous attachent à sa personne sacrée ; quiconque se rendrait coupable d'une lâche et odieuse trahison ne mériterait jamais le beau nom de Français.

Que toutes les villes, à l'exemple de la ville de Digne ferment leurs portes à l'Usurpateur, que tous les cœurs le repoussent et qu'il ne trouve point d'asile en France...

Mais, s'il faut le combattre, croyez, Sire, qu'il n'est pas un homme d'honneur qui ne préfère une mort glorieuse en défendant son roy et sa patrie à l'approche de traîner une vie humiliée dans un honteux esclavage.

C'est dans cette résolution, Sire, que nous nous empressons de renouveler, au pied du trône de votre Majesté, nos serments d'amour, de dévouement et de fidélité.

Vive le Roy !

Des ordonnances, datées du 24 juillet 1815, frappèrent d'abord de destitution ou d'arrestation et d'envoi en Conseil de guerre, nombre de personnages nommément désignés qui, aux Cent jours, avaient prêté leur concours à l'Empereur. Après quoi, dans un but aisé à saisir, le Gouvernement propose aux Chambres une amnistie en faveur de tous autres ayant « directement ou indirectement pris part à la rébellion et à l'usurpation de Napoléon Bonaparte ».

Mais à ce projet d'amnistie, la « Chambre Introuvable » ajouta une série de dispositions restrictives destinées à créer autant d'exceptions.

L'article 7, de la loi du 10 janvier 1816, se trouva ainsi libellé : « Ceux des régicides qui, au mépris d'une clémence sans bornes, ont voté pour l'acte additionnel ou accepté des fonctions ou emplois de l'usurpateur, et qui, par là, se sont déclarés ennemis irréconciliables de la France et du Gouvernement légitime, sont exclus à perpétuité du royaume et sont tenus d'en sortir dans le délai d'un mois, sous la peine portée par l'article 33 du Code Pénal, ils ne pourront y jouir d'aucun droit civil, y posséder aucun bien, titres ni pensions à eux concédés à titre gratuit ».

Pour justifier la violation des promesses contenues dans la Charte, le Rapporteur de la Loi, M. de Corbière s'était exprimé ainsi : « Un simple éloignement n'eut pas suffi à punir le premier crime ; on n'entend pas, d'autre part, punir le second. Mais, s'ils sont réunis sur la même tête, ils font de leurs auteurs des citoyens dangereux, en état d'hostilité permanente contre le Gouvernement ».

Ce fut dans cet esprit que, dès le 31 janvier, le Ministre de la Police Générale, comte de Cazes, adressa aux Préfets une circulaire de laquelle je détache la phrase suivante : « ... quand à l'application du mot *régicide*, vous penserez probablement aussi, Monsieur le Préfet, que l'intention du Législateur a été d'atteindre tous ceux des membres de la Convention siégeant à la séance permanente et qui ont osé appeler la mort sur la tête sacrée de leur Roi, ils sont d'ailleurs dans les cas prévus par l'article 7. Leur conscience leur dira que, quelques conditions qu'ils y aient apportées, leur vote n'en a pas moins été *régicide*. Celui-là encore, quel qu'ait été son vote antérieur, ne pourra que vous paraître régicide qui, refusant tout sursis à l'exécution de son crime, a envoyé son Roi à l'échafaud ».

(*Archives Départementales de la Haute-Vienne*, M. 1712).

On sait, qu'en effet, quelques députés qui s'étaient prononcés pour la détention ou l'exil du Roi, avaient, après la condamnation à mort, voté contre le sursis.

Tel était le cas de Bordas. Vainement, quand le moment fut venu d'appliquer la loi du 12 janvier, fit-on remarquer, que le vote contre le sursis avait paru aux Conventionnels qui le prononcèrent, un moyen de sauver les autres membres de la Famille Royale détenus au Temple et contre lesquels la populace menaçait de se porter à des extrémités fâcheuses si l'exécution de l'arrêt de mort était plus longtemps différée ; cette explication ne fut pas admise.

Disons tout de suite que l'application de la loi de proscription, ou plutôt des instructions interprétatives qui l'aggravaient singulièrement, s'étendit seulement à 9 Conventionnels sur **22**, qui se trouvaient dans le cas envisagé.

Encore sur les 9, n'y en eut-il que 4 qui sortirent de France : Bordas, Corbel, Le Maillaud et Cuirot.

Les 5 autres avaient énergiquement protesté et étaient parvenus à se faire entendre. Parmi les 4 bannis, trois devaient rentrer après un certain temps. Seul, par une fatalité insigne et très imméritée, à notre avis, Bordas allait voir son exil **se** prolonger.

Aussi bien, à l'ordre qui lui avait été signifié par l'intermédiaire du Sous-Préfet de Saint-Yrieix, s'était-il borné à répondre en des termes qui constituaient malheureusement, à **cette** époque, un quasi-acquiescement :

Limoges, le 8 février 1816.

Monsieur le Sous-Préfet,

Je regrette de ne pouvoir vous remettre moi-même **la** réponse que je vous avais promise pour aujourd'huy.

Sur la lettre de M. le Préfet que vous m'avez communiquée, je déclare et j'ai l'honneur de vous certifier que, dans les **séances** des 16 et 17 janvier 1793, je n'ai pas voté la mort de l'infortuné Monarque Louis XVI. Je votai *la détention* sans même ajouter, comme beaucoup d'autres, le bannissement ou la déportation à la paix.

Mon vote était dans l'intérêt de la personne sacrée de

Sa Majesté. Je ne pouvais émettre un vote plus doux dans ces temps orageux et il me parut prudent d'ajourner la liberté de Sa Majesté pour des temps plus calmes.

Si, malgré mon vote consigné dans le procès-verbal, il pouvait exister à mon égard des ordres sévères, je m'y soumettrais avec résignation dès que j'en aurai connaissance.

J'ai l'honneur d'être, etc...

Signé : BORDAS.

*(Archives Départementales de la Haute-Vienne, M. 1712).*

Dès le 1<sup>er</sup> février, le Préfet de la Haute-Vienne, dans une lettre au Ministre de la Justice avait, en termes peu flatteurs et même erronés, dépeint la situation personnelle de BORDAS : « Sa fortune avant la Révolution était de 20.000 livres ; elle est aujourd'hui de 160.000 francs, non compris un mobilier très considérable et très précieux. Son père était cordonnier et sa mère fille d'un boucher. Il a, comme avocat, une clientèle très étendue, formée grâce à un extérieur séduisant par des moyens plus qu'ordinaires et une ambition démesurée ».

« Au Ministère de la Justice, il eut le personnel dans ses attributions. Après le retour de l'Empereur, il n'a occupé aucun emploi, mais il est allé comme électeur délégué à l'assemblée du Champ de Mars, pour assister au dépouillement des votes sur l'acte additionnel et il en est revenu avec la Légion d'Honneur, qui lui fût attribuée par décret du 10 juin 1815, où il est inscrit à la Chancellerie sous le n° 50.639.

Il s'est employé toujours pour attirer des partisans à Bonaparte ».

(Archives Nationales, F. 6.710).

Ainsi qu'il est dit, la réunion du 26 mai 1815 au Champ de Mars, — dénommé à cette occasion champ de Mai — avait pour objet le dépouillement des registres, le recensement et la proclamation des votes d'acceptation de l'acte additionnel aux Constitutions de l'Empire.

Dans la Haute-Vienne, tous les votes, à l'exception de sept, avaient été favorables.

Convoqué à cette réunion, BORDAS avait fait la réponse suivante :

Saint-Yrieix, le 6 mai 1815.

Monsieur le Préfet,

Je reçus, par le courrier d'hier, la circulaire que vous me fîtes l'honneur de m'adresser comme Membre du Collège Electoral de notre Département.

Entièrement dévoué à Sa Majesté l'Empereur, nul sacrifice ne me coûtera pour répondre à l'appel qui m'est fait en son nom et pour donner à ma Patrie toutes les preuves de mon amour.

Toutes mes dispositions sont prises pour me rendre et assister à l'Assemblée du Champ de Mai.

70

J'arriverai à Limoges mercredi prochain pour, après les opérations du Collège Electoral, continuer ma route.

J'ai l'honneur d'être, etc...

Signé : BORDAS.

(*Archives de la Haute-Vienne,* M. 2.301 *bis*).


Le 31 mai, à un banquet des députés et délégués des Electeurs Limousins donné au Restaurant Rosset, Place de la Concorde à Paris, plusieurs toasts furent portés.

Bordas leva son verre en l'honneur de l'impératrice et fit acclamer son prompt retour.

Voilà bien ce qui, plus tard, devait l'accabler.

Quoi qu'il en soit, communication de la lettre préfectorale du 1er février, reproduite ci-dessus, avait été donnée au Ministre de Cazes qui fit la réponse ci-après :


Paris, le 19 février 1816.


« Monsieur le Préfet,

« La situation du sieur Bordas, à l'égard des dispositions de
« l'article 7 de la loi du 12 janvier, ne peut fournir le prétexte
« d'aucun doute ; aux termes de mes circulaires des 13 et
« 21 janvier, il a voté pour le *non sursis*, il est régicide.

« Il s'est rendu au Champ de Mars en qualité d'électeur et

« a rapporté, dans son département une décoration que l'Usur-
« pateur lui avait accordée.

   « Je présume que le délai de la loi étant expiré, il est dans
« ce moment, en route pour sortir de France ; s'il en était
« autrement, vous auriez à lui délivrer sur-le-champ un passe-
« port en lui signifiant que la réclamation qu'il m'a adressée a
« été écartée.

   « Vous m'indiquerez la destination qu'il aura choisie.

   « Je n'ai point à réclamer de vous d'autres renseignements
« sur les régicides de la députation de la Haute-Vienne à la
« Convention Nationale. Le Sieur LESTERPT-BEAUVAIS est mort
« et le Sieur GAYVERNON s'est pourvu d'un passeport pour les
« Pays-Bas.

   « Recevez...

« Le Ministre Secrétaire d'Etat
« au Département de la Police Générale.

   « Signé : Comte DE CAZES. »

(*Archives Départementales de la Haute-Vienne*, M. 1712).


BORDAS, qui ne se faisait nulle illusion sur le sort qui l'attendait, avait pris, le 11 février, à la Préfecture de Limoges, un
passeport pour se rendre à Genève où il comptait se fixer.

   Dès le 8 février, il avait cru devoir préparer sa famille à
cette cruelle séparation, en leur écrivant de Limoges où il se
trouvait, la lettre suivante datée du 8 février :

   « En sortant du lit, je croyais vous porter une bonne nou-
« velle et partir pour vous embrasser ce soir, car il avait été

« reconnu que la loi ne me frappait pas. Toutes les autorités le
« pensent mais, par la correspondance de Monsieur le Minis-
« tre avec Monsieur le Préfet, ceux qui ont voté contre le sur-
« sis sont sujets à la sévérité de la loi et j'en ai eu la nouvelle
« il y a deux heures.

« Je reste ici pour faire, dans mon intérêt et dans celui de
« la famille, tout ce qu'il faut que je fasse.

« Si je le puis, je vous embrasserai demain et au plus tard
« après-demain.

« Soyez calmes, ne vous inquiétez pas, ne partez pas, je
« suis né pour supporter les plus dures épreuves.

« Ma femme, mes enfants, je vous serre dans mes bras. »

Dans la hâte que l'Administrateur de la Haute-Vienne avait
de se débarrasser de Bordas, c'est à grand'peine qu'il obtint
la permission de revenir à Saint-Yrieix faire ses adieux à sa
famille et pourvoir aux besoins d'un pareil voyage. Bordas
déclare, en effet, que cette autorisation ne lui fût accordée
qu'en échange de sa parole d'honneur d'être de retour le lendemain à Limoges, ce qu'il ne manqua pas de faire.

Le 19 février, en passant à Lyon, alors qu'il va quitter la
France, il fait ainsi ses adieux :

« Adieu ma chère femme, adieu mes chers enfants ; élevez
« mes petits-fils dans les principes d'amour, de respect, de la
« fidélité pour notre roi légitime et de sa dynastie.

« Préparez-les à jouir d'un tout autre bonheur que moi, et
« fasse le Ciel qu'ils n'aient jamais d'ennemis aussi dangereux

« que ceux qui m'ont dénoncé et peuvent se flatter de m'avoir
« moralement assassiné. »

Il n'était pas arrivé à Genève, que les autorités suisses le
trouvant sans doute trop près de la frontière, lui donnent
l'ordre de s'éloigner.

Il part pour Croze près Coussonay et, enfin, arrive à Lausanne où il se fixe à l'Hôtel de la Couronne, car il devait résider pendant près de deux ans dans cette ville.

En quittant Genève, le 21 février, il écrit à sa famille cette
curieuse missive :

« A quel sort, ma chère femme, mes chers enfants, à quel
« sort suis-je donc réservé ? Genève nous refuse l'hospitalité.
« Nous allons partir pour Lausanne et la Suisse nous enverra
« plus loin ; en un mot, nous paraissons destinés pour l'Autri-
« che, sans savoir si nous y serons reçus.

« Les uns nous dirigent sur Constance et les autres ailleurs
« et plusieurs en Russie.

« Quelle est la terre où, sans être atteint par la loi, je pour-
« rai reposer ma tête blanchie et innocente.

« Me trouvant sur le sol étranger, je n'ai plus l'espoir ni
« que mes lettres vous arriveront, ni que je recevrai les vôtres.
« Je ne connais aucun moyen d'éviter cet obstacle qui met le
« comble à mon infortune et à ma douleur.

« Ma chère femme, mes chers enfants, il faut, si aucune
« réponse de Paris ne vous arrive à mon adresse, intéresser
« pour moi Monsieur le Marquis de JUMILHAC, Madame la Com-
« tesse de Béarn, et vous pouvez les assurer que je ne suis pas

« régicide, que des ennemis secrets causent nos malheurs,
« que ces ennemis m'ont calomnié auprès de son Excellence
« le Ministre de la Police Générale, que c'est sur les ordres du
« Ministre, dont la religion a été trompée, que j'ai été forcé
« de sortir de France, que je n'ai fait aucun mal à personne
« durant la Révolution. Que j'ai servi, aux périls de ma tête,
« tous ceux que j'ai pu servir, que c'est moi qui ai ouvert les
« prisons des départements de Bordeaux et de Périgueux en
« 1794, que j'ai prêté serment de fidélité à sa Majesté
« Louis XVIII depuis sa dernière rentrée en France, que le
« 18 brumaire, Bonaparte m'exclut du Corps Législatif, que je
« ne fus jamais son partisan, qu'il ne me serait pas difficile de
« me blanchir de toutes les fausses imputations que l'on a ima-
« ginées pour me perdre, si je les connaissais ; que les ancien-
« nes bontés de la Maison de Jumilhac pour moi, vous lais-
« sent l'espoir qu'elle s'intéressera pour me faire rentrer dans
« ma Patrie, me rendre à ma famille, et que mon grand âge
« de près de 70 ans parlera en ma faveur et que, de la sorte,
« mes dernières années seront consacrées à prouver ma sou-
« mission, mon respect, mon amour et ma fidélité.

« Mais, songez qu'une lettre ou deux doivent suffire pour
« faire réparer ce grand mal, qu'un voyage à Paris serait inu-
« tile. Si vos lettres demeurent sans réponse et sans effet, je
« vous engage à ne pas vous déplacer et à tout attendre de la
« justice du roi, s'il peut connaître la vérité et s'il vous est
« possible de la faire parvenir à sa Majesté.

« Je suis, ma femme et mes enfants, si persécuté par les
« accidents que les deux paires de bottes cordées à ma malle

« ont été perdues. Vous pouvez les faire réclamer en nature
« ou en valeur chez Gorsas, à Limoges, directeur de la dili-
« gence de Clermont à Lyon. Si le conducteur ne les avait pas
« détachées, comme il le fit en présence de Teytut et de
« Duclaud et du domestique de Monsieur Thomas, elles
« n'auraient pas été perdues. Il en répond et il doit les payer
« ou les réclamer partout où nous avons passé pour vous les
« remettre. Je les regrette beaucoup, car bientôt je me trouve-
« rai sans chaussures et il est à craindre que je mangerai en
« voyages ou pour frais de transports, mes médiocres res-
« sources.

« Que faire dans un pays inconnu ? Et, de votre part, que
« faire ignorant où je suis ?

« Ménagez vos santés ; mes pensées seront continuelle-
« ment fixées vers vous.

« Adieu, ma femme, mes filles, mes petits-fils, adieu
« Coustillias, Bussière et tous autres qui vous intéressez à
« moi.

« Je vous aime et vous embrasse tous de cœur ; tout à vous.
« J'aime et j'embrasse tous mes petits-fils le plus tendrement.
« Donnez de mes nouvelles à la chère Mélanie.

« Signé : BORDAS. »

« Je profite d'une occasion pour envoyer et faire remettre
« cette lettre à la Poste de Lyon. »

A son arrivée à Lausanne, l'exilé exposait à l'Ambassadeur
de France à Berne le nouveau vol dont il avait été victime et

en profitait pour demander l'autorisation d'y rester, tout au moins pendant l'instruction de cette affaire. Il s'exprime ainsi :

« Au très honoré Ambassadeur,

« Pardoux Bordas, Français, jurisconsulte, a l'honneur de
« vous exposer qu'il est sorti de France en exécution de la loi
« du 12 janvier dernier et des ordres du Ministre de la Police
« Générale.

« Il a porté ses réclamations au pied du trône, mais en
« attendant sa Justice, il s'est soumis à tout avec résignation.
« Il s'est dirigé vers la Suisse dans l'espoir d'y trouver une
« terre hospitalière.

« Agé de 68 ans, excédé de fatigue, atteint d'une hernie
« qui met souvent sa vie en danger, il n'a pu obtenir des
« Magistrats de Genève la permission de s'y fixer.

« Il s'en éloigne à petite journée, ne pouvant à cause de
« son infirmité, voyager ni en voiture, ni à cheval, et il s'est
« arrêté partout où il a découvert quelque sentiment d'huma-
« nité.

« L'exposant se réfugia, en dernier lieu, à Croze près
« Coussonay où il a séjourné quelques jours.

« Un bruit, vrai ou faux, que les Français devaient s'éloi-
« gner de la Suisse, vint alarmer l'exposant. Il ne considéra
« plus l'état de ses forces, ni de sa santé, ni le poids de ses
« infirmités. Il sortit de cet asile ; il entreprit de continuer sa

« route jusqu'à ce qu'il trouverait un toit hospitalier où il put
« vivre sous les yeux et du consentement du Gouvernement.
« Il en partit lundi dernier 25 mars, laissant une malle fermée
« à clef, un porte-manteaux de cuir fermé aussi à clef, plein
« de ses hardes, effets et moyens pécuniaires avec un manteau
« de drap bleu pour être envoyés le même jour à Lausanne à
« l'adresse de Monsieur MEYER, procureur juré.

« Un tiers avait offert de conduire les effets de l'exposant
« mais les propriétaires de Croze demandèrent et obtinrent la
« préférence.

« La malle, le porte-manteaux et le manteau cordés ensem-
« ble furent, suivant le rapport qui en a été fait, placés vers le
« milieu du char lors du chargement. Deux autres malles
« furent placées sur le derrière et un domestique fut chargé
« de la conduite.

« Suivant un autre rapport, les effets de l'exposant furent
« déplacés durant la route et mis sur le derrière du char.

« Enfin, la malle, le porte-manteaux et le manteau de
« l'exposant furent enlevés ou perdus en route.

« Dans la matinée du 26, la malle fut retrouvée à côté de la
« route, elle avait été forcée, la ferrure enlevée ; elle était
« ouverte. Un vol assez considérable y avait été commis. Le
« manteau et le porte-manteaux ont été emportés par les
« voleurs, toutes les réclamations sont, jusqu'ici, restées sans
« effet.

« L'exposant, qui ne peut soupçonner, connaître, ni dési-
« gner les coupables de ce vol, s'est borné à faire faire la
« déclaration du fait du vol commis à son préjudice, sauf à la

« Justice à faire les recherches et poursuites dans l'intérêt de
« la Société.

   « Monsieur le Juge de Paix de Romanel a fait écrire et pré-
« venir l'exposant que sa présence devenait indispensable
« durant l'instruction. Ne connaissant que l'obéissance qui est
« due à la loi et à ses organes, l'exposant s'adresse avec con-
« fiance à votre suprême autorité pour solliciter de sa justice
« l'autorisation de résider à Lausanne pendant l'instruction
« faite ou à faire, en raison de ce vol, poursuites et diligence
« du Ministère public. »

Dans le numéro du 8 mars 1816, *les Annales de la Haute-
Vienne* reproduisaient, de leur côté, cette information emprun-
tée à quelque grand journal de la Capitale.


Berne, le 21 février.


« Les sieurs Brival, Bordas et six autres, exilés de France
par la loi du 12 janvier dernier, ont traversé hier notre ville,
allant à Constance. »

(*Archives Départementales de la Haute-Vienne*, M. 1712).


Le Gouvernement se préoccupait, en effet, d'éloigner le
plus possible les proscrits.

   « Ceux-ci n'obtinrent pas, au premier abord, de résider
dans le voisinage de la France.

L'Angleterre força quatre d'entre eux, venus par la voie de Jersey, de s'éloigner, et le Piémont obligea ceux qui lui demandaient asile de refluer vers la Suisse.

La Suisse, elle-même, leur mesurait son hospitalité, comme elle l'avait mesurée, sous le règne des Montagnards, aux Girondins mis hors la loi.

Vingt-quatre Conventionnels, arrivès à Genève, sont invités à quitter le territoire. Il en est de même de ceux qui pénètrent à Neufchâtel. »

(L. Pingaud, *Les derniers Conventionnels*).


Contrairement à ce qu'avaient annoncé, le 8 mars, les *Annales de la Haute-Vienne*, Bordas put se fixer à Lausanne pendant plusieurs années.

Presqu'aussitôt, des démarches étaient tentées pour obtenir son rappel, démarches que nous allons voir se poursuivre avec ténacité, mais sans résultat, pendant plus de 14 ans.

Le premier qui intervient fut M. Laurent aîné, imprimeur, rue Dauphine, 32, à Paris. Il fit présenter au Ministre de la Justice, 17 avril 1816, et au Roi le 7 mai 1816, des mémoires dans lesquels il attestait qu'à Bordeaux et à Périgueux, Bordas fit naguère ouvrir les portes des prisons aux détenus pour opinions royalistes.

Il rappela que, dès le retour de Louis XVIII, l'ex-Conventionnel adressait au Comte Otto, Commissaire Royal à Limoges, une harangue dans laquelle il donnait au Roi la qualification de « Louis le Désiré ».

« Aujourd'hui, écrivait cet imprimeur, Bordas est errant en Suisse, chassé comme un régicide de tous les Cantons.

(*Archives Nationales* F° 7, n° 6710).

Il aurait pu ajouter qu'il n'était pas seulement expulsé, mais volé, car nous avons vu plus haut que, d'après la correspondance de Bordas, il avait été dépouillé de 5.000 francs en or, bijoux et hardes dans le Canton de Vaud et qu'en réclamant justice auprès de notre Ambassadeur, il avait tenté de l'apitoyer sur son sort. Le 11 juin 1816, il lui écrivait encore :

« Mon vote sur le sort de Louis XVI se réduisit à ces deux mots : « La détention ». Avec 26 votes semblables de plus, le Roi était sauvé. »

(*Archives nationales* F° 7, n° 710).

Comme il se recommandait du Marquis de Jumilhac, Gouverneur de la 16ᵉ division et de la Comtesse de Broise, qui l'avaient connu pendant la Révolution, l'Ambassadeur crut devoir envoyer copie de sa lettre au Ministre de la Police du Royaume. Mais celui-ci de répondre aussitôt : « Si Bordas n'a d'autre but, en se fixant si près de la France, que d'être plus à portée pour adresser au Gouvernement des réclamations contre l'application de la loi du 12 janvier 1816, votre Excellence peut lui représenter d'avance l'inutilité de ses démarches. Mais je sais que le Canton de Vaud est le centre de réunion des expulsés ».

Le 13 octobre 1817, nouvelle supplique adressée directement par Bordas au Ministre de la Police et dans laquelle il

81

explique son vote. Puis, en novembre suivant, ce sont MM. Mousnier-Buisson, député de la Haute-Vienne et de Verneilh-Puiraseau, député de la Dordogne, qui prennent sa cause en mains. A ceux-ci, le Ministre répond que les réclamations de Bordas reposent toutes sur l'interprétation donnée au mot « régicide ».

Or, dit le Ministre, pendant les Cent Jours, Bordas a rempli des fonctions électives que les instructions interprétatives de la loi rangèrent, à l'époque de son exécution, au nombre des emplois dont l'acceptation entraînait la peine de l'exil.

Cette réponse, vraisemblablement transmise à Bordas, eut dû le fixer sur les considérations réelles qui avaient motivé son bannissement. On le verra, cependant, revenir sans cesse sur son vote, au cours du procès de Louis XVI.

A son tour, le Comte Boissy d'Anglas fait auprès du Gouvernement les plus vives instances mais sans plus de succès.

Puis, c'est Mme Bordas, née Anne Darnet, comme on le sait, qui fait présenter au Ministre de l'Intérieur une pétition revêtue de nombreuses signatures.

Mais de tous ceux dont l'intervention s'affirme en faveur de Bordas, nul ne fut plus persuasif et ne fit preuves de plus de ténacité que M. de Verneilh. Il ne faut pas oublier que Bordas s'était marié à Excideuil, localité dans le voisinage de laquelle vivait son protecteur qui avait été son collègue à l'Assemblée Législative.

Le dossier des archives nationales, dont j'analyse ici le contenu, ne renferme pas moins de 23 lettres, mémoires ou suppliques, de la main de ce dernier. Si ces documents témoignent d'une constante fidélité dans le malheur et d'un zèle inlassable, ils ne donnent pas une très haute idée du degré d'influence dont jouissait auprès du Gouvernement un député appartenant pourtant à la majorité royaliste.

Au cours de l'année 1817, une campagne avait été ouverte dans le parti libéral et dans la presse, à la suite, d'un bruyant pétitionnement pour le rappel des bannis.

L'agitation avait même eu son écho sur la scène parlementaire, où M. DE SERRE fit adopter un ordre du jour pur et simple qu'il avait opposé à la proposition de renvoi aux Ministres, proposition émanant du Comte de CAZE. Néanmoins, et à l'instigation de ce dernier qui s'employa à obtenir des rappels partiels, onze lettres de grâce furent signées en mai 1818, vingt-deux en décembre suivant, en faveur de personnes ayant rempli des fonctions durant les Cent Jours.

Une seconde fois, dans la séance du 17 mai 1819, la Chambre des députés eut à se prononcer sur de nouvelles pétitions tendant à l'abrogation de l'article 7.

M. de VERNEILH, n'ayant pu prendre la parole dans la discussion, crut pouvoir publier, en une brochure, son avis sur la question. Il ne pouvait manquer de citer, en exemple, le cas de BORDAS, et, pour cet objet, il s'exprime ainsi :

« Pendant que ces horreurs se passaient dans la Capitale, « les Collèges Electoraux des départements nommaient leurs « députés à la Convention. Ah ! combien ils étaient à plaindre « ceux qui arrivaient du fond des provinces sans connaître le « terrain sur lequel ils allaient marcher. Rien ne peint mieux « la situation cruelle qui les attendait dans le procès de

« Louis XVI que les expressions suivantes d'une note confi-
« dentielle de M. Kersaint, adressée le 14 janvier 1793 à quel-
« ques autres députés fidèles ; dire : je vote la mise en liberté
« serait notre devoir à tous, mais ce vote exaspérait les hom-
« mes de sang. Il faut un moyen indirect et évasif qui sauve
« l'accusé sans trop irriter ceux qui ont intérêt à sa perte.

« Cette note contient la nomenclature de 264 députés dont
« M. Kersaint répondait sur sa tête pour sauver les jours du
« Roi.

« Et, pourtant, un député de ma connaissance, Monsieur
« Bordas, de la Haute-Vienne, longtemps chef du personnel à
« la Justice et dont le nom figure sur cette honorable liste qui
« vota, en effet, contre la mort, mais qui, après le fatal arrêt,
« crut inutile, parce que trop dangereux, de voter contre le
« sursis, a été frappé par la loi de 1816. J'ai dit inutile, car
« toute la véritable question était dans le premier vote. J'ai dit
« dangereux, car à cette époque de douloureuse mémoire,
« rien n'était moins respecté que ce qu'il y avait de plus
« auguste.

« Et, pourtant, Bordas, ce malheureux vieillard en réclama-
« tion près du Gouvernement et qui a tout fait dans le temps
« pour sauver son Roi, attend encore sur une terre étrangère
« le jour tardif mais infaillible de la Justice. »

(Chambre des Députés, Opinion de M. de Verneilh-Puiraseau, député de la Dordogne, sur les pétitions relatives au
rappel des bannis, destinée pour la séance du 17 mai 1819).

(Paris, Testu, Imprimeur, in-8° de 7 pages).

Toutes les démarches tentées par M. de Verneilh lui valurent une réputation de grand libéralisme.

Dans la Biographie pittoresque des députés de France, session de 1819 à 1820, éditée à Bruxelles, M. de Verneilh est ainsi qualifié « Défenseur des élections du Peuple et dés droits imprescriptibles de quelques exilés sans jugement. »

« Il s'est montré encore plus ardent libéral, à mesure que les Institutions de la Charte ont été plus menacées. »

Cependant, Bordas voyait rentrer en France beaucoup de ses anciens collègues certainement plus suspects, mais aussi beaucoup plus remuants que lui. Car, s'il s'obstinait dans ses sollicitations, il n'en gardait pas moins une conduite pleine de réserve et de prudence, bornant ses fréquentations à quelques isolés obscurs.

Une supplique, qu'il fit présenter en 1821, eut le sort des précédentes. On la retrouve avec l'immuable mention « A classer. » Cela était d'autant moins étonnant que, depuis le 17 février 1820, le Comte de Caze avait quitté le Ministère et que, lui tombé, nulle grâce n'avait plus été accordée.

Mme Bordas, de son côté, se démenait de toutes parts, dans la région de Saint-Yrieix, pour pouvoir intéresser les personnalités les plus influentes au sort de son malheureux époux.

Le 14 février 1821, elle intervient auprès de M. de Latour, chef de famille de très vieille souche noble, encore représentée dans l'arrondissement de Saint-Yrieix, dans la Commune du Chalard.

Elle sait, en effet, que le destinataire de sa supplique, après avoir été attaché au bureau du personnel de l'Administration des Postes, dont il devait être en 1828 le Directeur, est tenu en si grande estime à la Cour qu'il lui est possible d'intervenir directement, même auprès du Roi, en faveur de Bordas.

Et M. Tenant de Latour s'y trouve d'autant plus incliné qu'en 1797, Bordas était intervenu pour que la démolition du Château de Latour au Chalard, s'accomplît sans violence.

Voici la copie de ce touchant appel adressé à M. de Latour, chef du bureau du personnel à la Direction Générale des Postes, rue Pierre-Sarrazin, n° 4, Faubourg St-Germain à Paris :


« Monsieur,


« Lors de votre dernier voyage à Saint-Yrieix, vous m'avez
« fait une visite qui a allégé de moitié le poids énorme que je
« portais depuis longtemps sur le cœur.

« J'aurais bien désiré vous voir un instant tête à tête avant
« votre départ, afin de vous en expliquer le sujet, mais je fus
« malheureusement privée de cet avantage.

« Cependant, ce désir est devenu pour moi un besoin que
« je ne peux plus vaincre.

« Permettez donc, je vous prie, que je confie au papier ce
« que j'aurais préféré pouvoir vous dire de vive voix.

« On m'a assuré, Monsieur, que c'était sur votre dénon-
« ciation et sur celle de M. Jules de Foucault, que mon mari
« avait été exilé.

« Je vous l'avoue, à cette nouvelle, j'aurais vu la foudre du

« ciel prête à m'écraser qu'elle n'aurait pas fait sur moi un
« effet plus terrible. Quoi qu'il en soit, je répondis que je ne
« le croirais jamais et, maintenant, j'y crois encore moins car,
« si la chose était véritable, vous n'auriez pas visité l'épouse
« et la fille de celui que vous auriez voué à la proscription.
« Plus j'y réfléchis et moins je me persuade que vous ayez
« jamais voulu perdre l'ami de votre enfance, celui qui, dès
« la sortie de votre berceau, n'a pas cessé de vous porter
« dans son cœur !!! Oh ! non, non cela n'est pas possible ; je
« croirais même vous faire une injure de penser autrement.

« Quant à M. Jules DE FOUCAULT, mon mari ni moi n'avons
« pas l'honneur de le connaître, mais on m'a dit qu'il avait
« l'âme grande et généreuse. Je le crois d'autant plus que je
« sais, à ne pas en douter, que cette qualité jointe à une
« grande bonté de cœur sont dans sa famille, aussi hérédi-
« taires que la noblesse. Mon mari a été longtemps l'avocat de
« tous ces Messieurs de père en fils. Il les a toujours servis
« avec le plus grand zèle et le plus parfait désintéressement.

« Monsieur DE FOUCAULT et M. DE MALEMBERT, son fils, ont,
« l'un et l'autre, honoré mon mari jusqu'à leur mort du plus
« sincère attachement.

« Les dames, dont j'ai vu la troisième génération, m'ont
« aussi toutes trois honorée de mille bontés qui sont encore
« gravées dans mon cœur.

« Monsieur (Foucault) DES RIEUX, Officier si distingué dans
« tous les genres, avait depuis l'époque de ses classes,
« témoigné à mon mari la plus sincère amitié. Il lui fit même
« l'honneur d'être son second, lors de son mariage, et Dieu

« sait combien nous lui avons donné de larmes quand la Mort
« venait le moissonner dans la plus belle fleur de son âge !

« Hélas ! Que n'existe-t-il encore...

« M. Jules DE FOUCAULT ignore tout cela mais, comme il
« n'est pas un homme ordinaire, je pense qu'avant de donner
« sa signature contre un malheureux vieillard qui est l'époux
« d'une femme âgée et infirme, le père de deux jeunes
« veuves, l'aïeul de cinq petits-fils en bas âge, je pense, dis-je,
« qu'il aurait voulu savoir si celui qu'on lui désignait, était
« véritablement un régicide et il aurait su le contraire en
« lisant les votes. Il y aurait trouvé, à la vérité, que mon mari
« a voté contre le sursis, mais, comme on ne doit pas con-
« damner sans entendre, Monsieur DE FOUCAULT aurait certai-
« nement rempli cette formalité et, alors, mon mari aurait pu
« le convaincre qu'il y a une grande différence entre les deux
« votes ; mon mari a voté contre la mort, il ne la voulait donc
« pas ; il a voté contre le sursis, mais il faudrait savoir dans
« quelle situation étaient alors les habitants de la Capitale, il
« faudrait même s'être trouvé là pour juger de sa conduite et
« de ses intentions.

« J'y étais, vous le savez, Monsieur ; je pourrais en parler
« plus savamment que personne, mais je n'ai point élevé ma
« voix ; je sais qu'elle ne serait point écoutée.

« C'est avec vous, seulement, que je me permets d'ouvrir
« mon cœur et je me trouverais heureuse de pouvoir détruire
« la prévention que vous pouvez avoir contre mon mari parce
« que je tiens infiniment à conserver la bonne opinion des
« personnes que j'estime et que je considère.

« Je reviens à mon sujet. L'Histoire rendra-t-elle fidèle-
« ment ce qui s'est passé dans ces temps affreux ? A cette
« malheureuse époque, surtout, où des forcenés firent couler
« le plus beau sang du monde ! Ah ! Monsieur, si alors les
« régicides eussent été exilés, mon mari n'en aurait certaine-
« ment pas fait partie, il aurait eu, en sa faveur assez de
« témoins respectables qui pleuraient avec nous sur la perte
« du meilleur des rois ; malheureusement, ils n'existent
« plus.

« Si les personnes qui ont prononcé sur le sort de mon
« mari se fussent trouvées à côté de lui dans ces temps diffi-
« ciles, à coup sûr, elles ne l'auraient pas condamné, et je
« doute fort qu'elles se fussent mieux conduites. Je reviens
« au sursis. Je ne crois pas qu'il y ait eu, et il faut l'espérer,
« qu'il n'y aura jamais une pareille fermentation à celle qui
« régnait alors à Paris.

« Le Peuple était furieux. Les Jacobins s'agitaient dans
« tous les sens (mon mari n'y a jamais mis les pieds que pour
« les chasser !)

« On entendait que des cris de mort ! On ne voyait que le
« carnage ! Les députés étaient assaillis, insultés et frappés,
« on parlait de se porter au Temple pour égorger toute la
« famille royale.

« Nous habitions alors la maison des Pages, l'appartement
« du député Couthon était à côté du nôtre ; depuis qu'il était
« devenu cruel et féroce, nous ne vivions plus avec lui mais
« je ménageais sa femme parce qu'elle m'avait rendu des ser-
« vices et qu'elle pouvait m'en rendre encore.

« Elle m'apprit donc, en confidence, que si le sursis était
« prononcé, le Peuple devait se porter non seulement au
« Temple, mais encore chez tous les députés qui l'auraient
« voté et qu'alors on ne pouvait pas savoir où le carnage
« s'arrêterait.

« Je courus près de mon mari, je l'instruisis de cela et
« j'usai de tout le pouvoir que j'avais sur son esprit pour
« l'engager à voter contre le sursis. Je l'assurais, en même
« temps, on me l'avait assuré aussi, qu'il y avait un fort parti
« qui devait se réunir sur la Place pour sauver le Roi. La
« chose était véritable, mais, malheureusement, on désarma
« les uns, on empêcha les autres d'approcher et le plus grand
« nombre fut étourdi par le bruit que fit faire l'infâme San-
« terre. Dieu sait bien que j'aurais donné ma vie pour sauver
« celle de l'Auguste et infortuné Monarque mais, je tremblais
« pour mon mari, pour mes enfants.

« Je crois que toute autre, à ma place, en aurait fait
« autant. Quoi qu'il en soit, le sursis n'eut pas lieu, notre
« espoir fut trompé et le crime fut consommé. Ce crime, le plus
« énorme de tous, a été suivi d'un bien grand nombre d'autres.
« Qui les a commis ? Qui les a provoqués ? Grâce à Dieu, mon
« mari est innocent. Je crois même qu'il y a eu peu de députés
« qui, ayant siégé sans désemparer depuis la dernière Légis-
« lature jusqu'à l'arrivée de l'Usurpateur, en soient sortis aussi
« purs sous les tous rapports, cependant, il est traité comme
« un régicide. Où sont-ils les véritables régicides ? La plus
« grande partie n'existe plus, le Ciel en a fait justice, les plus
« coupables se sont détruits entre eux.

« J'ignore les raisons qui ont fait exiler mon mari : ce que
« je sais et dont je suis sûre, c'est que, loin d'avoir persécuté
« les émigrés, il en a aidé plusieurs de son crédit et de sa
« bourse. Loin d'être un septembriseur, il a bravé la mort
« pour sauver plusieurs victimes et l'une d'elles était de votre
« connaissance, c'était le Curé de Ladignac.

« Mais, Monsieur, je m'aperçois que cette lettre est déjà
« bien longue, j'avais pourtant encore bien des choses à
« vous dire. Je vais en finir pour ne pas abuser de votre
« patience.

« Permettez-moi seulement une réflexion de plus, elle
« sera la dernière : mon mari a des ennemis depuis plus de
« 40 ans. Aujourd'hui, ce sont encore les mêmes. Leur haine
« le poursuit toujours et partout. Quels griefs ont-ils contre
« lui ? Je l'ignore.

« Leurs nombreuses dénonciations étaient restées sans
« effet, jusqu'à l'époque de l'exil. N'importe, j'espère qu'à la
« fin la vérité sortira des ténèbres et que justice sera rendue
« à qui l'a méritée. Mais, si le coup qui a frappé mon mari
« était parti de votre main, Monsieur, et de celle de Monsieur
« Jules DE FOUCAULT, tout serait perdu pour moi sans res-
« sources. Il ne resterait plus à mon mari qu'à baisser la tête
« et à la couvrir de son manteau. S'il en était ainsi, votre
« silence m'en dirait plus qu'il ne faut pour m'accabler
« entièrement, mais deux mots de votre part produiraient un
« effet tout contraire.

« Agréez, je vous prie, Monsieur, les sentiments distingués

« que je vous ai voués et qui auraient bien de la peine à se
« démentir.

« Signée : BORDAS née DARNET.


« *P. S.* — Pardonnez, je vous prie, Monsieur, à mon bar-
« bouillage ; j'ai une fort mauvaise écriture et, joint à cela, j'ai
« un rhumatisme sur le bras qui me permet à peine de tenir
« ma plume. »


Ce curieux et très intéressant document a besoin d'être
accompagné de quelques commentaires qui peuvent le rendre
plus pleinement intelligible, quand on saura que M. DE LATOUR,
quoique né dans la commune de Jumilhac-le-Grand, appartenait à une famille essentiellement Limousine et Arédienne.
Nous en parlerons dans un supplément spécial.

Nous ne connaissons pas sa réponse à Mme BORDAS, nous
savons seulement que le 2 février 1821, il mit à sa disposition
le certificat suivant :

« Sur la demande qui m'en a été faite par la famille de
Monsieur BORDAS, je dois certifier qu'ayant retrouvé à Paris,
vers le milieu de l'année 1797, feu Monsieur Guillaume de
Beaune, ancien curé de Ladignac, celui-ci me dit qu'il devait
conserver à Monsieur BORDAS, député, une reconnaissance
éternelle, que dans un moment d'effervescence et de massacres, Monsieur BORDAS l'avait recueilli et caché dans sa maison, qu'il lui avait facilité ensuite les moyens de quitter Paris
et la France et qu'il ne pouvait pas douter, d'après toutes les

circonstances de sa position, qu'il ne lui fut redevable de la vie. »

Pour ce qui est de M. DE FOUCAULT, dont Mme BORDAS fait mention dans la lettre précitée, c'était un Officier du génie appartenant à une branche de cette illustre famille Périgourdine établie à Saint-Yrieix à la fin du xviiie siècle.

Nous avons retrouvé, dans les registres paroissiaux qu'il est en effet fait mention que le père de l'Officier en question Messire Jean FOUCAULT DE MALEMBERT, écuyer, seigneur de Champs près Saint-Yrieix, y faisait baptiser son fils Philibert, le 18 octobre 1783 et que dame Anne DE FOUCAULT, veuve de Messire Jean, était enterrée dans l'Eglise de Saint-Pierre dans les Murs, en Saint-Yrieix.

Le 26 décembre 1814, M. Jules DE FOUCAULT faisait partie de la Commission de réclamations pour les anciens Officiers, en qualité de Secrétaire. Par la suite, il devint Colonel et fut élu député.

Ce fut lui qui arrêta MANUEL ; cet événement donna à Victor Hugo l'occasion d'écrire ces deux vers assez inexacts historiquement :

« Vicomte de FOUCAULT lorsque vous empoignates
« L'éloquent MANUEL de vos mains Auvergnates (?) »

Les FOUCAULT, en effet, n'avaient rien d'Auvergnats.

Dans une note datée du 10 janvier 1822, et destinée à être placée sous les yeux du Ministre, le Directeur Général de la Police reconnaissait que BORDAS était le seul exilé de sa caté-

gorie. « Il n'avait rempli aucun emploi pendant les Cent Jours
et rien n'expliquait l'oubli dans lequel il était laissé, attendu
qu'il n'avait jamais cessé de réclamer par lui-même ou par
Messieurs DE VERNEILH-PUIRASEAU, MAINE DE BIRON, BOISSY
D'ANGLAS et le Marquis DE JUMILHAC ».

(Archives Nationales, F. 6710).

Après avoir résidé à Lausanne, BORDAS dut se réfugier à
Bâle, et, pendant toute la durée de son exil, il ne cesse
d'entretenir avec sa famille les relations épistolaires les plus
suivies.

Pour faciliter sa correspondance avec les siens, il avait
substitué le nom de CHAMVIEUX à celui de BORDAS.

Très défiant, il ne se faisait plus adresser son courrier que
poste restante pour aller le retirer lui-même et en constater
l'inviolabilité.



Il ne cesse de proclamer son innocence et de réclamer justice. Voici dans quels termes il écrivait de Bâle le 1er juillet

1821 à sa fille Julie, veuve du Baron Général Massy et qui était venue se fixer à Saint-Yrieix auprès de sa mère. Il vient d'apprendre la maladie de son petit-fils Oscar de Massy qui devint par la suite Préfet de Tarbes et le changement de situation de Ziska Teytut de la Jarrige, son autre petit-fils.

« Tu as bien jugé de moi, lorsque tu as pensé que je par-
« tageais l'inquiétude de la famille sur la maladie du cher
« Oscar.

« Vos craintes ont précédé les miennes parce que, témoins
« des dangers, vous les avez connus plus tôt que moi. Les
« miennes ont duré plus longtemps que les vôtres parce que
« j'ai appris plus tard que les dangers n'existaient plus.

« Je te remercie de m'avoir donné cette nouvelle.

« Si j'avais été placé comme toi auprès de notre malade,
« j'aurais, ma bonne amie, empêché l'usage de l'émétique.
« Comme moi, ta maman aurait dû se souvenir que ce remède
« nous a enlevé deux enfants : ton frère et ta sœur aînés. Je
« le redouterai toujours pour les membres de ma famille, et
« je m'y crois d'autant plus autorisé que, depuis mon aïeul,
« j'ai vu la même maladie qu'Oscar vient d'éprouver faire des
« ravages parmi les miens. Oscar est donc sans danger ! Ma
« Chère Julie, rendons en grâce au Dieu ! Mais je ne cesserai
« de l'y exhorter, qu'il soit prudent, qu'il craigne une rechute,
« qu'il évite ce qui arrive souvent à la suite de pareilles mala-
« dies, qu'il évite avec soin de prendre la fièvre qui a débuté
« par être tierce et finit par être quarte et que l'on garde com-
« munément une ou plusieurs années, sans compter d'autres

« suites non moins fâcheuses qu'elle traîne après elle ; qu'il
« se conduise non comme un enfant, mais comme un être rai-
« sonnable, il éloignera de nous, par ce moyen, tout sujet de
« chagrin et de craintes et il nous procurera encore par là sa
« reconnaissance pour notre tendresse.

« Il n'est pas douteux, ma bonne amie, que le voyage à
« Paris dont tu m'entretiens m'inspire deux craintes : celle de
« son inutilité et celle de la dépense qui en est inséparable.

« Je ne sais ce qu'ont fait pour obtenir leur rappel certains
« *vrais régicides, septembriseurs* même, je n'ignore pas moins
« n'étant ni l'un ni l'autre ce que je dois faire pour faire répa-
« rer l'erreur pour ne dire rien de plus, qui me tient éloigné
« de ma Patrie, pour ouvrir les yeux sur l'application qui m'a
« été injustement faite d'une loi qui ne pouvait et ne devait
« frapper que les hommes qu'elle a désignés.

« Je ne vois, dans la mesure prise contre moi, qu'un coup
« d'état, un abus de pouvoir, un acte arbitraire surpris de la
« religion du Roi et qui blesse la Justice.

« Mais comment faire parvenir la vérité aux pieds du
« trône ? Tu ne te fais pas une idée des difficultés qui en
« obstruent toutes les issues. Loin de moi de douter de tous
« les efforts que tu feras pour les surmonter, de leur côté les
« auteurs de l'injustice dont je suis la victime que ne feront-
« ils pas pour faire triompher leur iniquité !

« Quoi qu'il puisse arriver, cependant, je ne désapprouve
« pas ton voyage, je désire uniquement qu'il ait lieu à propos
« et dans un temps opportun.

« Pour cela, il faut que tous les personnages à employer
« soient réunis dans la Capitale.

« On se fait des protecteurs par échelons, l'un vous conduit
« à l'autre et c'est par le nombre que nous pouvons espérer
« quelque succès.

« Je ne cesserai de le répéter, il est fâcheux que Monsieur
« de Verneilh n'ose pas, ou nous dire qu'il faut renoncer à
« tout espoir, ou nous conseiller de nouvelles démarches, ton
« voyage même. Je serais d'avis que ta maman lui écrivit
« encore, dès qu'il sera arrivé à Puiraseau, pour obtenir son
« avis.

« Je suis fâché, ma bonne amie, que Ziska ait quitté sa
« place, je désire qu'il réussisse dans son projet, mais je
« crains bien qu'il reconnaisse sa faute trop tard. Il trouvera à
« Paris tant de concurrents pour la place qu'il espère y obtenir
« et s'il ne réussit pas, que deviendra-t-il ? Cette idée
« m'afflige.

« Je reçois avec plaisir la nouvelle que tu me donnes de la
« santé d'Adèle et de la tienne, soignez-vous l'une et l'autre.
« Je suis fâché que le cher Amédée ait toujours la fièvre et je
« me réjouis surtout que ta maman soit débarrassée de son
« rhume.

« Le temps que nous avons éprouvé au printemps était
« propre au rhume, comme il a été froid en Suisse ! Il n'est
« devenu plus doux que depuis trois jours et depuis la même
« époque, il est resté orageux.

« Quant tu écriras à M. Peyrot, dis-lui de ma part les
« choses les plus gracieuses.

97

« Adieu, ma Chère Julie, je t'embrasse, ta maman, tes
« sœurs, vos enfants, parents et amis. Tout à toi.

« Signé : DE CHAMVIEUX.

« P.-S. — Je vais me hâter de porter ma lettre à la poste ;
« il fait une tempête, un vent affreux qui annonce un violent
« orage.
« Je suis accablé par le sommeil.
« Tout à toi encore une fois. »

Depuis plusieurs années, déjà très chancelante, la santé de
sa chère femme, le modèle des épouses, ne fait que s'aggraver de jour en jour et BORDAS ressent encore plus cruellement,
si possible, les méfaits de l'éloignement et de l'exil. Il est
impuissant à dissimuler ses inquiétudes et son chagrin, et
cependant il s'ingénie à prodiguer à sa malade le réconfort
moral dont elle a besoin pour adoucir la rigueur de leur malheureux sort.

« J'éprouve, tu éprouves, nous éprouvons tous plus encore
« à présent le besoin de nous revoir, lui écrit-il, mais entre
« le bonheur que l'on a quitté, et le bonheur que l'on attend,
« l'espérance tient de bien près au désespoir ; mais le rappel
« que tu m'annonces des exilés à l'intérieur me semble d'un
« augure favorable pour les exilés à l'extérieur. Ce retour à la
« modération va conduire à l'indulgence plénière, digne du
« cœur du Roi. Espérons tout de sa magnanimité. »

Les nouvelles ne s'améliorent guère, et Bordas se désole.
« Hélas ! lui dit-il, les séparations sont encore plus cruelles
pour les personnes âgées, parce qu'il leur reste moins de temps
à accorder aux espérances ».

Fatalité des pressentiments !

Dans l'année qui suivit, le malheur allait douloureusement
fondre sur lui, en ravissant à sa constante et chaude affection
Madame Bordas, qui décédait à Saint-Yrieix, le 28 juillet 1822,
dans la maison que Bordas avait acquise et restaurée an VI,
ainsi que cela est mentionné au-dessus de la porte d'entrée.
Cet immeuble, situé rue Pardoux Bordas, et signalé par une
croix dans la reproduction photographique ci-après, est actuellement la propriété de Mme Roudaud. Il fait presque vis-à-
vis à la maison familiale de Louis Bordas, père de Pardoux.


## Acte de décès de Madame Pardoux BORDAS
## née DARNET :


« Le 29 juillet 1822, par devant nous Aubin Mazaud, adjoint
au Maire de St-Yrieix, Chef-lieu d'arrondissement, département de la Haute-Vienne, faisant fonction d'officier d'Etat-
Civil, ont comparu : Messieurs Léonard La Badix, juge âgé de
64 ans et Antoine Dulery, notaire âgé de 62 ans, demeurant
en cette ville, lesquels nous ont déclaré que dame Anne

Darnet, épouse de **M**. Pardoux Bordas, Avocat, est décédée hier à minuit en cette ville, âgée de 65 ans et ont les déclarants signé avec nous après lecture faite. »

Incessantes furent, durant les années suivantes, les requêtes en faveur de la libération de Bordas, qui ne faisaient toutes que se répéter.

En 1828, l'exilé est rendu à Huninge (Haut-Rhin) et c'est de là qu'il écrit, encore une fois, à Monsieur de Vernheil. Aussitôt, ce dernier se remet en campagne et il insiste sur le fait qu'en 1793, venu à Bordeaux avec les pouvoirs d'un proconsul, Bordas n'en avait fait usage que pour sauver des victimes. C'est lui qui fit mettre en jugement le Robespierre de cette ville, un nommé Lacombe. Cependant, il faut savoir qu'il s'était attiré quelques inimitiés violentes, entre autres, celle du médecin Dutasta, qui portait plainte directement à la Convention « contre le représentant Bordas en mission à Bordeaux de façon, disait-il, à ce que Bordeaux soit purgé de cette vermine, auteur de massacres et d'assassinats ».

« J'appelle votre attention, écrivait-il, sur la conduite du
« représentant Bordas à Bordeaux. Il s'attache à renverser tout
« ce qu'avait fait son prédécesseur Ysabeau. Il remet en
« place les agents de Robespierre et destitue les citoyens qui
« ont obéi aux lois de la Convention. Ysabeau avait voué au
« mépris les êtres féroces qui, avec Lacombe, ont contribué ou
« applaudi au massacre de 333 citoyens, hommes ou femmes,
« dans l'espace de deux mois.

Rue Pardoux Bordas, à Saint-Yrieix

*Septembre 1926*

A droite (marquée d'une croix) immeuble où décédait le 28 janvier 1822 M<sup>me</sup> Bordas, actuellement propriété de M<sup>me</sup> Roudaud, faisant vis-à-vis à la maison familiale de Louis Bordas, père de Pardoux.

« Bordas s'en entoure, crée une commission qui leur per-
« met d'exercer leur vengeance et de dominer le Club ; il les
« place même dans les Administrations.

« Il a établi une Commission composée de ces hommes et
« pris un arrêté qui met en arrestation, sur l'avis de cette Com-
« mission, les citoyens au nombre desquels je suis. Il accuse
« le comité de n'avoir pas rendu compte au District de ses
« opérations, d'avoir établi des taxes arbitraires, vexé les
« citoyens.

« Or, si ce comité est coupable, pourquoi son Président
« a-t-il seul été excepté de l'arrestation ?

« Si Bordas n'est que trompé, il fera son devoir quand le
« Comité de Sûreté Générale aura examiné ma conduite et
« celle de mes adversaires. »

Je réclame justice, pour moi et pour les citoyens assas-
sinés.

(In-4 de 4 pages. De l'Imprimerie de Guffray, rue Saint-
Honoré, 35, Cours des ci-devants Capucins, Paris).

Par ailleurs, il n'est par jusqu'à Louvet qui ne prenne
Bordas à parti dans ses « notices pour l'histoire de mes
périls ».

Il narre, en effet, que « les proscrits débarquent au Bec
d'Ambez et descendent dans une maison appartenant à un
parent de Guadet.

Personne ne s'y trouvant pour les recevoir, ils vont à une
auberge voisine, où, avec sa confiance ordinaire, Guadet se
fait connaître.

Apprenant dans quelle situation se trouvait Bordeaux ce dernier partit pour St-Emilion, lieu de sa naissance, où il avait quelques parents et des amis sur lesquels il croyait pouvoir compter.

Mais Louvet et ses camarades avaient été aussitôt signalés à Bordas. Avertis de l'arrivée de plusieurs détachements de la Garde Nationale et des brigades de gendarmerie, ils allèrent à un quart de lieue chercher une barque qui les attendait sur la Garonne.

Ils n'étaient pas encore sur l'eau qu'à la faveur de la nuit, quatre cents braves, armés de pied en cap, vinrent braquer deux pièces de canon sur une maison de campagne où ils espéraient trouver 8 à 10 victimes.

Telle fut, ajoute Louvet, cette glorieuse expédition du Bec d'Ambez où les Révolutionnaires ne signalèrent pas moins leur adresse que leur courage et dont Bordas, je crois, fit grand honneur à ces dignes satelliques dans cette magnifique relation qu'il en adressa à la Convention et où il dit en propres termes que, grâce à l'activité des sans-culottes, on avait entouré la maison et qu'on y avait trouvé... nos lits encore chauds.

Bordas fut particulièrement affecté de l'inimitié que lui témoignait, en toute circonstance, et surtout à propos de l'affaire du Bec d'Ambez, le Girondin Louvet. Il s'en ouvrit aux autres Conventionnels du Département et c'est ainsi que l'un d'eux lui notifiait : « Je n'aurais pas manqué de répondre plus tôt, mon cher Bordas, à la lettre que tu m'as fait le plaisir de m'écrire si je n'avais été obligé de faire un voyage pour affaire de famille.

J'ai vu la note que tu nous as remise : demander aux habitants de la Gironde ? Oui, certes, on peut leur demander et la grande majorité est prête à dire que tu t'y es comporté de la manière la plus digne d'éloge. Faire arrêter les voleurs de la fortune publique et particulière. Délivrer de prison des malheureux qu'on avait mis que par vengeance sont des actions qui te donneront toujours des droits à la bienveillance et à l'amour des Girondins.

J'ai écrit, du reste, tous ces objets en détail à divers amis de Limoges avec la permission de faire imprimer mes lettres s'ils le trouvent bon. Mais qui peut être à l'abri d'une méchanceté dont je devine bien les auteurs. »

Bordas avait-il donc besoin de se faire réhabiliter ?

Le 10 juillet de cette même année 1828, M. de Verneilh avait tenté d'intéresser en faveur de Bordas le Préfet de la Haute-Vienne avec qui il se trouvait en relations.

« Non seulement, écrit-il, M. Bordas vota contre la mort
« du Roi, mais il faisait partie d'une Sainte-Ligue qui s'était
« formé dans la Convention, sous les auspices de M. de Ker-
« saint, pour sauver le malheureux Monarque...

« Dans un recueil de pièces relatives au procès de
« Louis XVI intitulé : « Louis XVI et ses défenseurs » dont je
« vous engage à lire les pages 27 et 33, on trouve une notice
« statistique pour chaque département, des députés sur les-
« quels on devait compter pour sauver le Roi. Cette note,

« Monsieur le Préfet, était adressée à Manuel, ci-devant Pro-
« cureur de la commune de Paris et au Marquis de Villette.

« En parlant de ces honorables conjurés, M. Kersaint
« disait : « je vous réponds sur ma tête de la loyauté et du
« courage des hommes que je viens de citer ». Et Bordas s'y
« trouvait inscrit pour la Haute-Vienne.

« Ce n'est pas tout, dans la deuxième partie de ce même
« ouvrage, on trouve un passage duquel il résulte que
« *M. Bordas avait été menacé dans sa personne*, s'il persistait
« dans son projet à ramener le département de la Dordogne
« au modérantisme de Maynard.

« Lorsqu'après le fatal décret de mort, il fut question d'un
« sursis, M. Bordas vota contre mais en exprimant ses regrets
« qu'il ne fut point question d'une commutation de peine,
« auquel cas, disait-il, il voterait pour elle avec la même
« énergie qu'il avait mise contre le vote de mort.

« Il ajoutait même, Monsieur le Préfet, que s'il votait con-
« tre le sursis, c'était dans la crainte de plus grands malheurs
« et pour ne pas prolonger une cruelle agonie.

« Ces expressions et ces motifs se trouvent dans une opi-
« nion imprimée qu'il m'envoya en Périgord et que j'ai en
« mon pouvoir.

« On sait que le jeune Dauphin, Madame la Dauphine, la
« Reine et Madame Elisabeth étaient encore au Temple aussi
« bien que Louis XVI.

« D'après l'état où j'avais laissé Paris, au mois d'octobre
« 1792, pour rentrer heureusement dans ma solitude de Puy-
« raseau, je suis convaincu que si la faction qui régnait alors

« eut voulu l'exécution, nonobstant un sursis prononcé, aucune
« puissance n'aurait pu l'empêcher et Dieu sait où se fut arrê-
« tée la rage des exécuteurs. »

Et Monsieur DE VERNEILH conclut très nettement à une
extension arbitraire à l'égard de BORDAS de la loi contre les
régicides.

(*Archives Nationales*, F. 6710).

Le Préfet de la Haute-Vienne mit le plus louable empressement à saisir le Ministre compétent de cette nouvelle réclamation.

Le cas de BORDAS fut examiné en haut lieu, ainsi qu'en
témoigne une note du chef de la division du Cabinet du
Ministre.

*Le Moniteur* fut même compulsé:

Devant l'insuccès persistant de ses efforts et convaincu
enfin de l'impuissance de ses répondants, BORDAS prit un parti
héroïque : il se rendit à Paris et, dès son arrivée, le 26 juillet 1829, il adresse au Ministre de l'Intérieur la lettre qui
suit :

« A son Excellence, le Ministre de l'Intérieur.
« Monseigneur,

« Arrivé depuis peu de l'Etranger, sans passeport et sous
« le poids de la plus injuste prévention, je crois devoir mettre
« sous vos yeux ma véritable situation comme ex-Convention-
« nel.

« Je dirai d'abord que, durant un exil immérité, je n'ai
« cessé de jouir en Suisse de l'estime et de l'intérêt de mes
« hôtes généreux. Mais j'ai 82 ans et d'autres infirmités que
« celles de la vieillesse. Arrivé si près du tombeau, j'y frémis
« d'y descendre sur une terre étrangère, à cause du reflet
« déplorable qui en rejaillirait sur ma famille.

« J'avais sollicité un passeport pour venir à Paris, M. le
« Maire de Saint-Louis me fit savoir que l'autorisation néces-
« saire à cet effet lui avait été refusée.

« Fort de ma conscience, je n'ai pu consulter que mon
« désespoir. Je me suis confié à la bonne Providence en
« venant à Paris sans passeport, accompagné de ma fille ché-
« rie (Madame Massy) et je suis logé avec M. le Chevalier
« Massy, mon petit-fils, étudiant en droit.

« C'est de là, Monseigneur, que, par votre intermédiaire,
« j'adresse au Gouvernement du Roi l'exposé succinct et
« fidèle de ce qui me concerne dans le fatal procès de
« Louis XVI.

« Je le dis hautement, rien au monde ne m'eut fait voter la
« mort du Roi, j'ai, au contraire, agi de tout mon pouvoir pour
« faire écarter ce fameux vote.

« Il s'était formé dans le même dessein et sous les auspices
« de M. Kersaint, un nombreux parti de mes Collègues. J'avais
« l'honneur d'en être.

« Nos efforts furent malheureusement impuissants et *je fus*
« *menacé dans ma personne* pour la part que j'avais prise à
« cette louable conjuration. Je crois même que ce fait est
« attesté par les mémoires de l'époque.

« *J'ai donc voté contre la mort et pour la réclusion*, comme
« seul moyen de sauver mon Roi.

« *Le Moniteur* doit exprimer mon vote. J'y renvoie avec
« confiance. Si j'ai voté postérieurement contre le sursis, ce ne
« fut que pour prévenir de nouveaux crimes et d'autres grands
« malheurs.

« On scait *(sic)* que le fils de l'Auguste Louis et le reste de
« la famille Royale étaient aussi prisonniers au Temple.

« On scait encore qu'ils étaient sous les verrous d'une
« commune sanguinaire formée sous le tocsin du 10 août. Et
« cette Commune régnait dans Paris par la Terreur, autant
« et peut être plus que la Convention.

« Après la loi du 12 janvier 1816, rendue contre les régici-
« des, Monsieur le Préfet de la Haute-Vienne, écrivit à Mon-
« sieur le Sous-Préfet de Saint-Yrieix pour le charger de
« m'appeler et de me demander si je me croyais frappé par
« cette loi.

« Dans le cas de la négative, il devait prendre ma réponse
« par écrit et, certes, ma réponse fut bien négative.

« Cependant, Monsieur le Sous-Préfet crut que le cas
« était douteux. Il me renvoya devers M. le Préfet mais je ne
« trouvai plus ce digne Magistrat à Limoges.

« Alors, interprêtant contre moi un doute prétendu qui ne
« devait s'interprêter qu'en ma faveur, on me donna un passe-
« port pour la Suisse.

« Je voyageai avec M. Lamarque, ex-député de la Dordogne
« qui, quoique dans une catégorie très différente de la mienne,

« a eu depuis longtemps le bonheur d'être autorisé à rentrer
« dans son pays.

« Arrivés à Genève, nous comparûmes devant M. Sarrazin,
« Syndic de la Ville. Et ce Magistrat, qui avait reçu la liste
« des régicides, me dit, après avoir lu mon passeport : Vous,
« Monsieur, vous n'êtes pas sur la liste des régicides.

« Je le crois bien, répondis-je, mais j'obéis à l'ordre de
« mon Gouvernement.

« Enfin, Monseigneur, je n'ai rempli aucune fonction
« publique dans les Cent Jours. J'avais d'abord refusé de
« signer l'acte additionnel et je ne cédai qu'à la dernière extré-
« mité pour conserver une pension de 4.766 francs 66 liquidée
« à cette somme pour récompenser 35 ans de service soit
« dans l'ordre judiciaire, soit dans l'ordre administratif,
« comme il est facile de le vérifier dans les archives du
« Royaume, où je pense que ces papiers ont été déposés.

« J'oubliais de dire qu'après la chute de Robespierre, je fus
« envoyé à Bordeaux avec de grands pouvoirs. Je désire que
« le Gouvernement se procure des renseignements sur l'usage
« que j'en fis pour ramener dans cette cité la paix, la raison,
« l'ordre et la sécurité.

« Tel est, Monseigneur, l'exposé fidèle de ma conduite et
« de mes votes à la Convention, comme député de la Haute-
« Vienne, après l'avoir été à l'Assemblée Législative.

« Tel est le pénible exposé de mes misères.

« J'ose espérer que votre Excellence y compatira et qu'elle
« m'obtiendra la permission de retourner sur la terre où je
« vis le jour, mourir au milieu de mes enfants, en bénissant

« le prince Auguste et Paternel à qui la France doit la fin de
« ses longues infortunes.

« Je suis avec le plus profond respect de votre Excellence,
« Monseigneur, le très humble et très obéissant serviteur.

Signé : « BORDAS. »

(*Archives Nationales*, F. 7-6710).

Des instructions sont aussitôt données au Préfet de Police
qui fait signifier à Bordas l'ordre de sortir immédiatement du
Royaume, sous peine de se voir appliquer les mesures de
droit.

Bordas réitère, par écrit, ses protestations et, le 31 juillet, il
déclare qu'il va repartir.

Il se met en effet en route pour Bâle, le 2 août, et la veille il
écrit une dernière fois à Madame Veuve Massy qui avait dû
regagner Saint-Yrieix.

« Je t'écris, ma bonne amie, sans pouvoir te dire tout ce
« que je voudrais, même pour notre mutuelle consolation.....
« Je me porte bien. J'ai vu un des grands personnages, c'est
« lui qui m'avait appelé ; j'en ai été bien accueilli ; notre entre-
« vue en a été toute confidentielle. On s'est déclaré mon ami ;
« *j'ai sa parole d'honneur....*

« Ma présence prolongée aurait pu nuire à nos désirs com-
« muns.... On me sait gré de mon départ, qu'on regarde
« comme un service rendu.

« J'ai en portefeuille un bon et loyal passeport ; ma place

109

« dans la diligence de Mulhousen est arrêtée ; je partirai
« demain à 3 heures après-midi. Ma malle est faite. Tu dois
« avoir reçu celle que j'ai adressée à Adèle....

« S'il est permis d'espérer et de croire aux promesses les
« plus sacrées, mon voyage n'aura pas été inutile. Attendons
« encore quelques mois.

« Oscar voulait partir avec moi, je m'y suis opposé. Il est,
« dans ce moment, auprès de M. de VERNEILH pour l'instruire
« de mon départ....

« Il en saura davantage lundi puisqu'il dînera chez le per-
« sonnage auprès duquel je passai hier ma matinée.

« Contente-toi de ces explications amicales et *confidentiel-*
« *les.* Sois discrète....

« J'attends, que dis-je, j'attendais le distributeur avec con-
« fiance, et il a passé, et point de lettre de ta part. Il faut
« patienter. Si je ne dois pas en recevoir ici, sans doute il m'en
« arrivera à Bâle.

« Adieu, ma bonne amie, je t'embrasse, notre Suzanne
« aussi, mon Neveu, l'ami et la Cousine COUSTILLIAS, LABADIT.

« Ne m'oublie auprès d'aucun de ceux dont je ne parle pas,
« tu les connais.

« Adieu encore, tout à toi.

Signé : « BORDAS. »

Le jeune Oscar DE MASSY écrivait lui-même sur ce document :

« Je ne t'écrirai pas longuement aujourd'hui. Papa t'a dit
« à peu près tout ce qu'il était possible de te dire ; sois tran-

« quille, malgré la tournure un peu singulière que semblent
« prendre les choses, mieux vaut ce que nous avons à espérer
« que ce qu'on semble nous avoir ravi.

« Je suis bien malheureux de ne pouvoir de suite partir
« avec notre bon père mais il se porte très bien et cela me
« rassure d'autant mieux que j'espère que nous ne nous sépa-
« rons pas pour longtemps.

« Adieu, ma Chère Maman, j'attends avec impatience une
« lettre de toi, embrasse bien tout le monde de ma part. »

Signé : « O. MASSY. »

Pour la seconde fois, Bordas, déjà affaibli par l'âge et miné
par les chagrins, reprenait le chemin de l'exil.

Mais, à son tour, vint la Révolution de juillet qui contrai-
gnit les Bourbons à prendre le même chemin.

Le souffle libéral qui animait les actes du Gouvernement,
parut à M. de Verneilh devoir favoriser une ultine démarche.

Il n'hésita pas à la tenter et, le 15 août 1830, il obtenait enfin
du Ministre cette réponse décisive :

« Vous pouvez écrire à M. Bordas que rien ne s'oppose à
son retour. »

D'ailleurs, cette réponse n'anticipait que de quelques jours
seulement la mesure générale qui allait être prise.

Votée le 2 septembre à la Chambre des Députés et le 10 à
la Chambre des Pairs, la loi de rappel des bannis était promul-
guée le 11.

Elle réintégrait dans tous leurs droits civils et politiques les victimes des inexorables rigueurs vengeresses de la Restauration.

Bordas se retira dans sa famille à Saint-Yrieix dans l'immeuble où était décédée sa femme et où il allait, durant 12 ans, achever dans l'isolement et l'obscurité son existence désormais paisible et ignorée.

Chacun de ces parias revenant de l'exil, sentait-il bien qu'il accumulait sur sa tête les réprobations persistantes, disséminées sur les 387 régicides ?

Roulé, meurtri, vaincu par la destinée qui lui fut parfois si cruellement injuste, pouvait-il songer à se mêler au mouvement moderne ?

Bordas ne semble pas avoir compris tout de suite qu'il était un de ceux dont le nom parfois inséparable du souvenir des excès révolutionnaires, était devenu pour de trop nombreux, un véritable épouvantail.

Il revivait, par la pensée, ces jours d'antan si glorieux, alors que le Sculpteur Houdon tirait d'un bloc de marbre son buste le représentant drapé, comme on le voit, dans l'élégant costume de Président des Cinq-Cents dessiné par David, des tresses nouées par des olives agrafant sur ses épaules le manteau brodé de palmes d'or.

Repoussé presque de partout, proscrit de nouveau et, cette fois combien peu généreusement, dans sa région natale surtout, par l'universelle réprobation, le vieux Jacobin d'antan n'abdiquait cependant rien de ses rêves écroulés.

A la veille des Elections Législatives du 5 juillet 1831, après la dissolution de la Chambre des Députés, il crut devoir se mettre sur les rangs pour le Siège de la Circonscription de Saint-Yrieix.

Le Journal libéral de Limoges inséra sa profession de foi dans laquelle, après avoir·rappelé les diverses phases de sa carrière parlementaire, il déclarait : « mes principes et mes actions ont toujours été les mêmes, purs, consciencieux et, j'ose le dire, irréprochables. »

« Liberté, ordre public, bonheur de tous, tel a été cons-
« tamment le but de tous mes efforts, telle sera encore ma
« règle de conduite. Mais, désormais, mes efforts ne seront
« pas sans succès. Le pacte saint passé entre la France et le
« roi de son choix a fixé à jamais les destinées et le bonheur
« de la Patrie. »

« Ainsi, dévouement plein et entier à notre belle Révolu-
« tion de juillet et à toutes ses conséquences. Comment ne la
« défendrais-je pas ? C'est à elle que je dois d'avoir revu
« mon pays. Ah ! un exilé seul peut bien comprendre le prix
« de la Liberté et l'amour de la Patrie. »

« Victime malheureuse du despotisme qui a pesé 15 ans
« sur la France, je serais le premier à combattre tout ce qui
« pourrait nous ramener à cet effroyable régime. »

(*Le Contribuable*, Journal Constitutionnel de la Haute-Vienne, n° du 31 mai 1831).

Sa candidature ne fut pas prise au sérieux et ne fut même pas mise en discussion, lors du vote préparatoire pour le choix des candidats à présenter aux suffrages des électeurs.

Désormais, Bordas, ayant enfin conscience qu'il se heurterait à l'implacable, se retrouve seul, abominablement seul.

Il gardera une résignation noble et austère, et sans goût à la vie, il se renfermera dans une solitude profonde que rien ne viendra troubler.

Devant sont seuil désert, le mépris, le soupçon, l'ingratitude, l'iniquité montaient la garde, alors, par contre, qu'à son foyer, jusqu'à son dernier jour, ses enfants et petits-enfants le vénèrent et le comblent attentivement du réconfort de la plus dévotieuse affection.

Lassé de tout, il s'en ira avec une fierté silencieuse, sur les routes désertes, ou bien à l'abri de la terrasse de son jardin dominant l'artère centrale de sa petite ville de Saint-Yrieix (actuellement dénommée Boulevard de l'Hôtel-de-Ville), ou encore passant de longues journées assis dans l'encadrement des fenêtres de la maison d'en face, chez sa fille Mme TEYTUT (de nos jours immeuble de la famille OULRY d'INGRANDE), il songera longuement et tristement à des choses très lointaines, méditant sur les écroulements de son passé.

Les journaux n'annoncèrent même pas son décès qui survint le 29 juin 1842 et sa disparition resta inaperçue.

L'oubli et le silence ne pouvaient pas se faire que, déjà, la calomnie recommençait son œuvre au pays arédien, pour tenter d'atteindre jusqu'à sa mémoire, alors qu'on n'aurait jamais dû oublier, en dehors de tout souci politique, mais en toute équité et justice, qu'il était l'un des plus remarquables Législateurs de la Révolution.

## Acte de décès de Pardoux BORDAS

« Aujourd'hui, 29 juin 1842, à une heure du soir, par devant nous, Yrieix MEUNIER-QUINSAC, adjoint à la mairie de Saint-Yrieix, département de la Haute-Vienne, faisant fonction d'Officier d'Etat-Civil, sont comparus :

Messieurs Pierre LASSAGNE, Percepteur âgé de 41 ans, et François, Pierre DULERY, secrétaire âgé de 50 ans, demeurant en cette ville, lesquels nous ont déclaré que M. Pardoux BORDAS, Avocat, Ancien Législateur, Chevalier de la Légion d'Honneur, veuf d'Anne DARNET, est décédé ce matin, à 11 heures, à Saint-Yrieix, âgé de 93 ans et neuf mois, étant né le 14 octobre 1748.

Et ont, les déclarants, signé après lecture faite.

Le faire-part de décès était ainsi formulé :

Saint-Yrieix, le 30 juin 1842.

Madame Adèle BORDAS, veuve TEYTUT DE LA JARRIGE,
Madame Mélanie BORDAS, veuve PLAZANET,
Madame Eléonore BORDAS, veuve MASSY,
Monsieur et Madame TEYTUT aîné,
Monsieur et Madame Alfred TEYTUT jeune,
Monsieur le baron Oscar MASSY, sous-Préfet à Ambert.

« Ont l'honneur de vous faire part de la perte douloureuse
« qu'ils viennent d'éprouver dans la personne de Mon-
« sieur Pardoux Bordas, Avocat et Chevalier de la Légion
« d'Honneur, leur père et grand-père, décédé le 29 juin 1842,
« âgé de 94 ans ».

Le jour des obsèques, la famille seule, ainsi que les rares
et fidèles amis, suivirent le cercueil du grand Conventionnel
Arédien qui repose à droite, dans la partie haute du vieux cimetière de Saint-Yrieix, près de l'allée centrale. Sa tombe voisine
celle de sa femme, au centre d'une concession à perpétuité
entourée d'une haute grille, et achetée le 20 avril 1854 par ses
trois filles.

Sur la pierre tombale que nous avons pu retrouver, après
bien des recherches, d'autant qu'elle était enfouie sous l'amon-
cellement des terres, dans un fouillis d'arbustes et de ronces,
on peut lire l'inscription suivante :

Pardoux BORDAS

Avocat, Ancien Législateur,

ancien Chef de division au Ministère de la justice,

décoré de la Légion d'Honneur.

Né le 14 octobre 1748

Décédé le 29 juin 1842.

*De profondis.*

------------

Bordas laissait en héritage à ses enfants une fortune terrienne
assez considérable, et c'est bien là ce qui réveilla à nouveau
dans le pays les pires envies et jalousies.

Dessin de M. Durand, architecte départemental aux Sables d'Olonne.

## Cimetière de Saint-Yrieix

Sépulture
d'Anne Bordas et de Pardoux Bordas

d
k
E
ff
p
d
s
o

Au début de son mariage, il faut se rappeler qu'il avait été des premiers à traiter avantageusement la vente de ses terres kaoliniques et de celles de la famille Darnet que Villaris de Bordeaux s'empressait de revendre à la Manufacture de Sèvres. Ce fut l'origine de sa fortune.

De plus, fort entendu aux affaires agricoles, il savait faire fructifier ses biens, même avec parcimonie, car il ne négligeait pas, à chacun de ses séjours ou de ses voyages à Saint-Yrieix, de contrôler le travail de ses colons ou métayers. Il en prend souci même en exil et continue à conseiller sa famille pour obtenir de ses propriétés le meilleur rendement.

« Le détail que tu me donnes, ma bonne amie, écrivait-il
« à sa femme pendant son séjour en Suisse, n'est pas, à beau-
« coup près, agréable, mais il ne m'a pas étonné. L'été n'a pas
« été propre à m'en donner une idée avantageuse. Les Vaudois,
« de leur côté, ne sont pas mieux traités. Leur Gouvernement
« a fait un appel aux bourses pour un emprunt à l'effet de
« payer un achat considérable de grains étrangers qu'il vient
« de faire à Marseille pour assurer au peuple sa subsistance
« pendant le cours de l'année. Les pommes de terre, au mar-
« ché en détail, se vendent à raison de plus de 8 francs le sac ;
« le pain bis se vend 7 sols la livre ; celà est effrayant, rien
« ici n'est à bon marché que le lait et le tabac.

« Conserve bien notre blé, soigne le dans les greniers ;
« songe qu'étant humide il faudra le faire remuer souvent
« pour pouvoir le conserver ou l'empêcher de se gâter.

« Engage les métayers à exposer les semences au soleil,

« sans cette précaution, la récolte de l'année prochaine sera
« plus mauvaise encore que celle dont nous nous plaignons.

« Ne vends que ce que tu ne pourras pas te dispenser de
« vendre pour la maison. Je mettrai, de mon côté, mes finan-
« ces en ordre pour me permettre d'attendre le produit d'une
« autre année plus productive. Conserve également le foin,
« quelques-uns des métayers pourraient en avoir besoin pour
« l'arrière-saison et, alors il te faudrait peut-être l'acheter le
« double du prix que tu le vendrais sans être aussi bon. Ce
« serait pour le pays un grand malheur si le blé noir et
« les châtaignes manquaient. Espérons que cette ressource
« n'échappera pas au peuple, car il y a, tous les ans, plus de
« châtaignes qu'on ne pense.

« Tu trouveras sur mes registres, le prix de chaque année
« de la vente des châtaignes aux métayers ; ce sera pour toi un
« guide ; la denrée acquiert de la valeur en raison de la rareté
« et du besoin et, tu le sais, le paysan est adroit, il se plaint
« toujours et souvent à tort ».

En plus de la pension annuelle et viagère de 4.766 fr. 66 centimes, accordée par décret du 22 juin 1811 pour 33 ans et dix
mois de services législatifs, administratifs et judiciaires, et dont
il avait cessé de toucher le bénéfice du jour de son exil, mais
dont la jouissance lui fut rappelée à dater du 12 septembre 1830,
Bordas possédait de bons revenus avec sa maison de Saint-
Yrieix, le domaine de Douillac, celui de la Force, commune
de Jumilhac qui fut le lot de Mme Teytut et enfin le domaine
de la Bachellerie qui était resté à son autre fille, Mme Plazanet,

Bordas ayant autorisé la Ville de Saint-Yrieix à capter gratuitement la fontaine de ce domaine, dite Fontaine Tanche qui alimente encore le bas de la ville.

Les Massy avaient eu pour leur part la maison de Saint-Yrieix et la propriété de Douillac.

Que ne racontait-on pas au sujet de Douillac qui, précédemment, appartenait à la famille de Taillefer, de Périgueux? Le bruit infâmant circulait en effet, et encore parfois de nos jours, que M. de Taillefer étant en prison à Paris comme suspect, Bordas lui aurait directement proposé d'acheter sa propriété et qu'il aurait même rédigé à l'avance, un acte de vente pour un prix minime que M. de Taillefer aurait nettement refusé.

Mais, après avoir fait remarquer à son vendeur dans quelle position fâcheuse il se trouvait, Bordas, pour enlever l'affaire, lui aurait promis de le faire élargir s'il voulait bien signer le contrat de vente. M. de Taillefer s'y serait décidé et, dans la nuit, il aurait été mis en liberté. Puis, il n'aurait pas franchi le seuil de la prison qu'il était déjà frappé mortellement d'un coup de poignard par un inconnu.

Toute cette aventure est profondément ridicule.

En effet, nous avons sous les yeux l'attestation, en bonne et due forme, de la vente à Bordas du domaine de Douillac par l'application de la loi du 28 ventôse an IV, et en vertu d'une procuration donnée, en son nom, à son cousin François Bordas, directeur de la Poste aux lettres à Saint-Yrieix, pour le prix total de 56.257 francs 9 sols, ce qui équivalait en écus à la somme de 16.877.

La propriété fut vendue, après expertise et sur consigna-
tion par Bordas, de la somme de 60.000 francs. Dans ses livres
de comptes, Bordas ne néglige même pas d'énumérer en détail
le complément des frais engagés pour l'acquisition de Douillac. Il mentionne :

Pour vacation d'expert . . . . . . . . .  160 écus
Droits d'enregistrement . . . . . . . . .  647 »
Pour le procès-verbal après la vente de l'état
des bâtiments et des biens, salaires des charpen-
tiers, maçons, témoins, nourriture . . . . .  160 »
Un plan de la maison pour la réparer et la dis-
tribuer . . . . . . . . . . . . . . . . .  96 »
Voyage fait avec ma femme pour obtenir le
contrat de vente . . . . . . . . . . . . . .  600 »
Emprunt en écus pour payer le 1/4 avec intérêts à 2,50 par mois . . . . . . . . . . .  4.800 »

Les bois ne se coupant que tous les 9 ans, ceux
compris dans la vente peuvent être estimés
11.460 livres dont je n'ai pu profiter pendant
2 années.

Dix toises de la maison se sont affaissées, les
ouvriers la réparent et la maison du métayer se
bâtit. J'ai envoyé un acompte de 720 écus.

Je fais réparer et bâtir à neuf les étables. J'ai
donné l'ordre au fermier de payer mais, ne connaissant pas ses déboursés, je porte cette dépense
en mémoire.

Je fis en partant une dépense extraordinaire
pour placer, pendant mon absence mes enfants
en pension ; je le porte en... mémoire.

Une inondation ayant fait un dégât considérable et entraîné dans les prés-clotures une masse
de rocher et de pierre, il m'a fallu nourrir et payer
les manœuvres employés pour le déblaiement.   .   200 livres

Ce fut par l'intermédiaire du citoyen DUMAS de Limoges,
qu'en réalité il réalisa et paya son acquisition du bien de
Douillac.

Bien mieux encore : quand M. DE TAILLEFER fut rayé de la
liste des Emigrés et revint en Limousin, BORDAS fut le trouver
et lui fit l'offre de lui rendre ses domaines moyennant la resti-
tution des sommes par lui dépensées. Il lui proposa même de
lui accorder tous les moyens nécessaires pour faciliter sa libération dans la reprise de ses propriétés. M. de TAILLEFER refusa,
disant que si les biens en question n'avaient pas été vendus,
il aurait été de toute façon obligé de s'en défaire. Il ajoute qu'il
regarde cette acquisition par Pardoux BORDAS comme « juste
et respectable ». Les citoyens BORDAS et TAILLEFER se souvien-
nent avec plaisir des bons rapports qui ont toujours existé
entre eux et ils désirent les perpétuer.

Enfin, sur le refus de M. DE TAILLEFER, BORDAS, pour le
dédommager de n'avoir pu être réintégré dans ses biens, lui
fait hommage d'une somme de dix mille francs, dont M. DE
TAILLEFER lui donne quittance par acte du 29 vendémiaire an X,
déclarant « qu'en reconnaissance de cette généreuse loyauté,

« il renonce formellement et à jamais à tout recours et à tout
« droit pour lui et ses héritiers sur les propriétés en question, »

Tous les biens ci-dessus énumérés ont été dispersés, par
des ventes successives, après la mort des trois filles de Bordas
et leurs descendants ne possèdent plus aucun intérêt à Saint-
Yrieix ou dans la région.

Que vient donc faire l'histoire précitée du meurtre de M. de
Taillefer ? Encore une calomnie de plus propagée à plaisir.

Il était de notre devoir, puisque nous en avions les preuves,
de réduire à néant toutes ces fausses imputations et de faire
connaître la vérité.

———

Pardoux Bordas et Paul Magnaud, deux des plus illustres
magistrats de leur temps, dorment à jamais dans le cimetière
de Saint-Yrieix.

L'un et l'autre, chacun dans leur sphère, furent portés par
les événements et devinrent représentants du peuple, aux Par-
lements Républicains.

Sur le tombeau du « Bon Juge », des mains pieuses ont
fait ériger un très artistique buste de marbre offert par sous-
cription, pour perpétuer et honorer la mémoire de notre excellent ami.

Nous souhaitons qu'il soit fait de même, un jour, pour le
grand Conventionnel Arédien, et qu'ainsi une réplique du splen-
dide buste de Houdon en surmonte la stèle funéraire.

Ce sera justice.

# Correspondance de Pardoux BORDAS
## avec la Société Populaire d'Yrieix-la-Montagne

NOUS avons exposé, dans la biographie de Pardoux BORDAS, page 18, que c'était à son instigation qu'avait été créé le Club Jacobin de Saint-Yrieix, dit Société Populaire d'Yrieix-la-Montagne.

En effet, nous trouvons dans le numéro du *Courrier du Centre* du 28 septembre 1892, sous la rubrique « Variétés. — Pardoux BORDAS », la reproduction *in extenso* d'un document émanant du Conventionnel Arédien où il énonce, lui-même, que :

« Voyant les braves sans-culottes toujours asservis, par le « défaut d'instruction, aux caprices des trois autres castes, il « s'est senti le besoin d'établir un club dans la ville.

« J'en formais le projet, écrit-il à ses commettants, et je « l'exécutais en 1790, alors que je fus surnommé l'*Enragé* par « les Aristocrates. »

Ces derniers allaient alors jusqu'à prétendre que BORDAS était l'exécuteur des dénonciations de ce club.

Que ne racontait-on pas de l'incarcération à Saint-Yrieix de plusieurs personnalités féminines !! et combien, plus tard,

« ces hyènes » allaient encore plus lui en vouloir d'avoir fait choisir, comme déesse Raison, la jolie et vertueuse Thérèse Rolin qui habitait place du Marché, près de l'ancienne Mairie.

Toujours est-il que Pardoux Bordas est le premier inscrit, à la date du 6 février 1791, sur la liste de la Société Populaire en question, liste arrêtée à 323 membres à la date du 29 brumaire an III de la République et dont nous donnons la copie ci-dessous, ayant trouvé ce document dans les *Archives Départementales de la Haute-Vienne*, série L, n° 795.

Nous publions, à la suite, dans leur ordre chronologique, vingt-quatre lettres inédites de Pardoux Bordas adressées de Paris aux membres de la Société Populaire dont il était le fondateur.

Cette intéressante correspondance se rapporte aux principaux événements historiques qui se sont déroulés pendant les deux premières années républicaines, tant à l'extérieur qu'à l'intérieur ; elle révèle même certains faits particuliers au District de Saint-Yrieix.

*Copie du tableau des membres composant la Société po*

| Noms | Prénoms | Age | Lieu de naissance | Profession et domicile avant le 14 juillet 178 | |
|---|---|---|---|---|---|
| BORDAS | Pardoux | 45 | St-Yrieix-la-Montagne | Homme de loi | St-Y |
| CREZENET | Léonard | 37 | id. | Lieutenient particulier | i |
| SULPICY | Gabriel | 29 | id. | Médecin | i |
| SENAMAUD | Jean-Baptiste | 39 | id. | Homme de loi | i |
| BURGUET | Jean-Baptiste | 29 | id. | Cultivateur | i |
| SARLANDIE | Jean-Baptiste | 36 | id. | Marchand aubergiste | i |
| BONHOMME | Elie | 36 | id. | Etudiant | i |
| JEANTIN | Louis-Joseph | 36 | id. | Controlleur (*sic*) | i |
| DUCLAUD | Pierre | 22 | id. | Etudiant | i |
| RIGAUD-LACOTTE | Pierre | 30 | id. | Sellier | i |
| MAUROU | François | 31 | id. | Charpentier | i |
| GAULIER | Philippe | 56 | id. | Doreur | i |
| PAUVERAUX | François | 59 | Segur | Sans profession | i |
| POUYAT | André | 79 | Limoges | Négociant | i |
| COMME | Emmanuel | 44 | Saintes | Artiste peintre en porcelaine | i |
| MOIRAU | Aubin | 42 | Jumilhac | Tailleur | i |
| BRANDE | François | 56 | Montel | Apoticaire (*sic*) | i |
| ROUCHAUD | Jean | 30 | St-Yrieix | Tailleur | i |
| LAMOTHE | Yrieix-Gabriel | 32 | Pompadour | Homme de loi | i |
| QUEYROULET, aîné | Jean | 47 | St-Yrieix | id. | i |
| QUEYROULET, jeune | Jean-Baptiste | 40 | id. | id. | i |
| COUSTILLAS | Jean | 36 | Gabillou | Chirurgien | i |
| MAZEAU | Pierre | 45 | St-Yrieix | Procureur | i |
| CHAZELLE | Bertrand | 28 | id. | Tisserant | i |
| GROS, fils | Louis | 26 | id. | Etudiant | i |
| BONNAUX, père | Aubin | 56 | La Meyze | Tailleur marchand | i |
| BONNAUX, aîné | Jean | 25 | St-Yrieix | Arçonnier | i |
| POUYAT, fils | François | 26 | Limoges | Faïencier | i |
| MEYTRAUD | Pierre | 56 | Sarlande | Aubergiste | i |
| DUJARDIN, aîné | Pierre | 48 | St-Yrieix | Maître de forges | i |
| BONNEFOY | Pierre | 38 | id. | Tisserant | i |
| SENAMAUD, jeune | Pierre | 30 | id. | Commis de marchand | i |
| MAURAUD, jeune | Pierre | 25 | id. | Etudiant | i |
| GENTIL-VERGNAUX | Léonard | 30 | id. | Elève en chirurgie | i |
| REUDEUIL | François | 51 | id. | Huissier | i |
| PAIGNON | Claude | 40 | La Roche | Forgeron | i |
| FRAISSANGE | Jean-Baptiste | 35 | St-Yrieix | Tapissier | i |
| MILHOUT, fils | Léonard | 31 | id. | Praticien | i |

*...ix-la-Montagne conformément à la loi du 25 vendémiaire.*

| Profession et domicile depuis le 14 juillet 1789 | | Dates des admissions | Observations |
|---|---|---|---|
| ...à la Convention | Paris | 6 février 1791 | |
| ...Tribunal | id. | id. | |
| ...ational du District | id. | id. | |
| ...Tribunal | id. | id. | |
| ...eur | id. | id. | |
| ...municipal | id. | id. | |
| ...du Comité de surveillance | id. | id. | |
| ...teur | Limoges | id. | |
| ...du Comité de surveillance | St-Yrieix | id. | |
| id. | id. | id. | |
| ...tier | id. | id. | |
| | id. | id. | |
| ...ational | id. | id. | |
| ...nt de faïence | id. | id. | |
| ...en porcelaine | id. | id. | |
| ...nd | id. | id. | |
| ...municipal | id. | id. | |
| ...re | id. | id. | Fait prisonnier au Queyroix. |
| ...trateur du district | id. | id. | |
| ...saire national | id. | id. | |
| ...paix | id. | id. | |
| ...de santé | id. | id. | |
| ...du Comité de surveillance | id. | id. | |
| ...t | id. | id. | |
| ...er volontaire | id. | id. | Aux frontières. |
| ...re | id. | id. | id. |
| | id. | id. | id. |
| | id. | id. | id. |
| ...te | id. | id. | id. |
| ...yonnette | id. | id. | Il était directeur de la Forge de l'Etang Dernier où comme à celle de Baudy on travaillait alors activement « en particulier à faire des baïonnettes ». |
| | id. | id. | |
| ...e son revenu | id. | id. | |
| ...e Sre Lt Gnal (?) | id. | id. | Il s'agit du secrétaire général de l'Agent National qui était Gabriel Sulpicy le troisième de cette liste. |
| ...r du Juge de paix | id. | id. | |
| | id. | id. | |
| | id. | id. | |
| | id. | id. | |
| ...e la commune | id. | id. | |

| Noms | Prénoms | Age | Lieu de naissance | Profession et domicile avant le 14 juillet 1789 | |
|---|---|---|---|---|---|
| CHAPELIAS, fils | Elie | 26 | St-Yrieix | Vivant de son revenu | St-Yrieix |
| PETIT | Jean-Baptiste | 56 | Limoges | Cuisinier | id. |
| DUJARDIN | Pierre | 36 | St-Yrieix | Artiste en porcelaine | id. |
| BAUGERIE, aîné | Elie | 40 | id. | Chamoiseur | id. |
| BAUVERIE | Léonard | 45 | id. | Tanneur | id. |
| BOUVERIE | Aubin | 52 | id. | Vicaire régent | id. |
| LA BARDIE | Léonard | 36 | La Porcherie | Juge du dit lieu | La Porcherie |
| MORANGE, père | Georges | 56 | Limoges | Procureur | St-Yrieix |
| LAPEYRE | Jean-Baptiste | 26 | Cubas | Commis | id. |
| RUDEUIL | Pierre | 42 | St-Yrieix | Marchand | id. |
| BONNET dit FRONTON | Jean | 54 | id. | Cordonnier | id. |
| ROUX | Aubin | 50 | id. | Forgeron | id. |
| SEGUIT | Antoine | 30 | id. | Chapellier | id. |
| GERAL | Pierre | 44 | id. | id. | id. |
| ROBERT | François | 40 | Chalard | Marchand | id. |
| ROCHE, cadet | Jean | 29 | St-Yrieix | Cordonnier | id. |
| VIGNAUX | Jean-Baptiste | 48 | St-Médard | Marchand | id. |
| MAURAUD, cadet | Pierre | 28 | St-Yrieix | Charpentier | id. |
| PICHON | Jean-Baptiste | 58 | Excideuil | Chirurgien | id. |
| SAZERAT, fils | Jean-Baptiste | 25 | Nexon | Marchand | id. |
| DAUVERGNE | Blaize | 60 | St-Yrieix | Menuisier | id. |
| PICHON | Pierre | 47 | id. | Greffier du sénéchal | id. |
| DENIS | Antoine | 26 | id. | Cloutrier | id. |
| BARGÉ | Yrieix | 37 | id. | Chirurgien | id. |
| CHATENET | Christophe | 43 | Lubersac | Menuisier | id. |
| TALLET | François | 58 | St-Malier | id. | id. |
| DULÉRY | Antoine | 34 | St-Yrieix | Homme de loi | id. |
| SILVAIN | Pierre | 53 | id. | Marchand | id. |
| SILVAIN | Aubin | 58 | id. | Semi-prébendé | id. |
| SULPICY | Antoine | 49 | id. | Marchand | id. |
| POUCET, fils | Jean-Baptiste | 23 | id. | Tailleur | id. |
| ROBERT, cadet | Jean | 43 | id. | Cordonnier | id. |
| DUAMP | François | 33 | id. | id. | id. |
| DEVERGNE, père | Jacques | 45 | St-Junien | Brigadier gendarme | id. |
| HABONNET | Etienne | 28 | Nion-en-Suisse | Artiste en porcelaine | id. |
| BEYNEY, père | Yrieix | 49 | St-Yrieix | Cordonnier | id. |
| OUZEAU | Antoine | 30 | Jumilhac | Orfèvre | id. |
| CHABUDIER | François | 51 | Vialle | Cloutrier | id. |
| CHASSAIN | Sébastien | 42 | Limoges | Gardien des Récollets | id. |
| GUYOT | François-Louis | 48 | Nexon | Notaire | id. |
| VOISIN | Jean-Baptiste | 65 | Limoges | id. | id. |
| BOUVERIE | Paul | 42 | St-Yrieix | Prêtre | La Rochette |
| MAQUAIRE | Charles | 36 | Brive | Dragon | St-Yrieix |
| RIVIÈRE LAGRANGE | Antoine | 41 | Excideuil | Gendarme | id. |

| Profession et domicile depuis le 14 juillet 1789 | | Dates des admissions | Observations |
|---|---|---|---|
| Officier municipal | St-Yrieix | 6 février 1791 | |
| id. | id. | id. | |
| Artiste en porcelaine | id. | id. | |
| Chamoiseur | id. | id. | |
| Gendarme | id. | id. | |
| Président du district | id. | id. | |
| Juge au tribunal | id. | id. | |
| Bibliothécaire | id. | id. | |
| Volontaire | id. | id. | Aux frontières |
| Marchand | id. | id. | |
| Cordonnier | id. | id. | |
| Forgeron | id. | id. | |
| Chapelier | id. | id. | |
| id. | id. | id. | |
| Officier municipal | id. | id. | |
| Cordonnier | id. | id. | |
| Officier municipal | id. | id. | |
| Charpentier | id. | id. | |
| Officier de santé | id. | id. | |
| Marchand | id. | id. | |
| Menuisier | id. | id. | |
| Greffier du tribunal | id. | id. | |
| Cloutrier | id. | id. | |
| Officier de santé | id. | id. | |
| Menuisier | id. | id. | |
| id. | id. | id. | |
| Secrétaire du district | id. | id. | |
| Marchand | id. | id. | |
| Vivant de son revenu | id. | id. | |
| Membre du Comité de surveillance | id. | id. | |
| Tailleur | id. | id. | |
| Cordonnier | id. | id. | |
| id. | id. | id. | |
| Brigadier gendarme | id. | id. | |
| Artiste en porcelaine | id. | id. | |
| Cordonnier | id. | id. | |
| Orfèvre | id. | id. | |
| Cloutrier | id. | id. | |
| Ferblantier | id. | id. | |
| Maire | id. | 9 février 1791 | |
| id. | id. | id. | |
| Marchand aubergiste | id. | id. | |
| Gendarme | id. | id. | |
| id. | id. | id. | |

129

| Noms | Prénoms | Age | Lieu de naissance | Profession et domicile avant le 14 juillet 1789 | |
| --- | --- | --- | --- | --- | --- |
| Dechamp | Pierre-Jean | 30 | St-Yrieix | Menuisier | St-Yrieix |
| Bonhomme-Lacour | Léonard | 40 | id. | Arpenteur | id. |
| Chataignaux, père | Pierre | 56 | id. | Vivant de son revenu | id. |
| Glandus | Jean | 50 | id. | Huissier | id. |
| Mazeau | François | 21 | id. | Etudiant | id. |
| Mazeau | Léonard | 23 | id. | id. | id. |
| Habonnaud | Jean | 65 | Jumilhac | Tailleur | id. |
| Rouffier | Pierre | 40 | St-Yrieix | Marchand | id. |
| Sardin | Antoine | 38 | Angoulême | Employé dans les fermes | id. |
| Rigaud | Antoine | 36 | St-Yrieix | Marchand | id. |
| Desplat | Jerôme | 40 | Périgueux | Maréchal-ferrant | id. |
| Paignon | Guillaume | 31 | St-Yrieix | Forgeron | id. |
| Dechamp | Antoine | 45 | id. | Menuisier | id. |
| Lauren | Pierre | 36 | id. | Tisserant | id. |
| Dujardin-Dumaine | Pierre | 64 | id. | Vivant de son revenu | id. |
| Crezenet | Pierre | 27 | id. | Etudiant en droit | id. |
| Labrouhe de Laborderie | Jean | 40 | id. | Homme de loi | id. |
| Chataignaux | Antoine | 52 | id. | Chirurgien | id. |
| Raymond | Guillaume | 26 | id. | Tailleur | id. |
| Paignon, cadet | Antoine | 28 | id. | Marchand | id. |
| Belabre | Jean-Baptiste | 30 | id. | Cordonnier | id. |
| Devaud | Pierre | 30 | id. | Tambour | id. |
| Rudeuil | Léonard | 30 | id. | Expert | id. |
| Jourde | Simon | 50 | id. | Huissier | id. |
| Jeoffre | Louis | 29 | id. | Marchand | id. |
| Bordas | Elie | 40 | id. | Cordonnier | id. |
| Biaujaud | Léonard | 39 | id. | id. | id. |
| Chiquet | François | 45 | id. | Journalier | id. |
| Bosvieux | Martial | 45 | id. | Vivant de son revenu | id. |
| Mazard-Laurières | Gabriel | 34 | id. | id. | id. |
| Lalamanie | Simon-Victor | 39 | St-Yrieix-sur-Aixe | Procureur | id. |
| Roux | Antoine | 52 | St-Yrieix | Marchand | id. |
| Crouzillardaine | Jean-Baptiste | 49 | id. | Expert | id. |
| Prat | Louis | 46 | St-Mel | Maçon | id. |
| Mauraud | François | 56 | St-Yrieix | Charpentier | id. |
| Villemoneix | Yrieix | 41 | id. | Menuisier | id. |
| Mauraux des Hors | Jean | 52 | id. | Charpentier | id. |
| Crouzillard, cadet | François | 42 | id. | Maître d'école | id. |
| Joussen, fils aîné | Simon | 23 | id. | Cordonnier | id. |
| Geral | Antoine | 42 | id. | Chapelier | id. |
| Beyneix | Pierre | 60 | id | id. | id. |
| Decamps | Denis | 41 | id. | Marchand sellier | id. |
| Catolle | François | 43 | id. | Marchand | id. |

| Profession et domicile depuis le 14 juillet 1789 | | Dates des admissions | Observations |
|---|---|---|---|
| Menuisier | St-Yrieix | 9 février 1791 | |
| Arpenteur | id. | id. | |
| Vivant de son revenu | id. | id. | |
| Huissier | id. | id. | |
| Vivant de son revenu | id. | id. | |
| Volontaire | id. | id. | |
| Volontaire | id. | id. | Aux frontières. |
| Marchand | id. | id. | Revenu des frontières. |
| Agent du salpêtre | id. | id. | |
| Gendarme | id. | id. | |
| Maréchal-ferrant | id. | id. | |
| Forgeron | id. | id. | |
| Menuisier | id. | id. | Volontaire aux frontières. |
| Marchand | id. | 11 février 1791 | |
| Vivant de son revenu | id. | id. | |
| id. | Toulouse | id. | |
| Membre du bureau de concilia-tion | St-Yrieix | id. | Le bureau de conciliation près le tribunal de district de St-Yrieix avait été créé déjà depuis quelque temps. |
| Chirurgien, officier de santé | id. | 13 février 1791 | |
| Marchand, membre du Comité | id. | id. | |
| Marchand | id. | id. | |
| Cordonnier | id. | id. | |
| Huissier | id. | id. | |
| Expert | id. | id. | |
| Huissier | id. | id. | |
| Marchand | id. | id. | |
| Cordonnier | id. | id. | |
| id. | id. | id. | |
| Volontaire | id. | id. | Aux frontières. |
| Assesseur au juge de paix | id. | id. | |
| Marchand | id. | id. | |
| Membre du Comité de surveillance | id. | id. | |
| Marchand | id. | id. | |
| Expert | id. | id. | |
| Maçon | id. | id. | |
| Charpentier | id. | id. | |
| Marchand | id. | id. | |
| Charpentier | id. | id. | |
| Secrétaire de la municipalité | id. | id. | |
| Volontaire | id. | id. | Aux frontières. |
| Chapelier | id. | id. | |
| id. | id. | id. | |
| Marchand sellier | id. | id. | |
| Marchand | id. | id. | |

| Noms | Prénoms | Age | Lieu de naissance | Profession et domicile avant le 14 juillet 1789 | |
|---|---|---|---|---|---|
| Ventoux | Pierre | 48 | St-Paul | Forgeron | St-Yrieix |
| Sazera, père | Annet | 55 | Nexon | Marchand | id. |
| Mauran, aîné | Jean | 41 | St-Yrieix | Boucher | id. |
| Biaujau | Saturnin | 33 | id. | Serrurier | id. |
| Lachatre | Jean-Baptiste | 30 | id. | Apoticaire | id. |
| Depommeur | Marc | 41 | St-Martial | Marchand | id. |
| Delage | François | 40 | id. | Cordonnier | id. |
| Andrieux, fils | Guillaume | 28 | id. | Menuisier | id. |
| Lasrochas, aîné | Jean | 30 | id. | Commis au greffe | id. |
| Lescuras, père | Jean | 54 | St-Yrieix | Marchand tailleur | id. |
| Raymond, aîné | Pierre | 40 | id. | Tailleur | id. |
| Sulpicy | Pierre | 48 | id. | Cordonnier | id. |
| Bonnet | Pardoux | 25 | id. | Marchand | id. |
| Roux | Jean | 36 | Jumilhac | Tailleur | id. |
| Crouzillard | Pardoux | 40 | St-Yrieix | Sellier | id. |
| Limouzin | Antoine | 32 | id. | Cordonnier | id. |
| Couturon | François | 23 | id. | id. | id. |
| Chazelle | Antoine | 23 | id. | Tisserant | id. |
| Audiguet | Simon | 25 | Le Dorat | Perruquier | id. |
| Goudinet | Pierre | 40 | St-Yrieix | Médecin et maire | id. |
| Lagorce | Jean | 71 | id. | Voiturier | id. |
| Jary | Léonard | 44 | id. | Cordonnier | id. |
| Methout, père | Antoine | 58 | Excideuil | Menuisier | id. |
| Bounaud, fils | Pierre | 20 | St-Yrieix | Sellier | id. |
| Beyneix | Jean | 70 | id. | Chapellier | id. |
| Bonné, père | Léonard | 45 | id. | Boucher | id. |
| Hadam | Pierre | 22 | ? | Maçon | id. |
| Habriart | André | 35 | St-Yrieix | Tisserant | id. |
| Dechamp | François | 30 | id. | | id. |
| Coudouin | Jean | 30 | id. | Cordonnier | id. |
| Gondinet | Léonard | 48 | id. | Maître de forges | id. |
| Choury | Antoine | 60 | id. | Marchand | id. |
| Chazelle | Pierre | 28 | id. | Tisserant | id. |
| Bonnet, fils | Léonard | 26 | id. | Cordonnier | id. |
| Lagorce, fils | Jean | 20 | id. | Menuisier | id. |
| Mauraux | François | 25 | id. | Charpentier | id. |
| Beyneix | Jean | ? | | | |
| La Brouhe | Yrieix-Jean | 60 | id. | Procureur | id. |
| Pommaré | Martial | 26 | Limoges | Etudiant | Limoges |
| Habriart | André | 56 | St-Yrieix | Forgeron | St-Yrieix |
| Rudeuil, cadet | Léonard | 35 | id. | Marchand | id. |
| Dechamp | Antoine | 44 | id. | Menuisier | id. |
| Gros | François | 58 | Coussac | Aubergiste | id. |
| Denis | Jean | 36 | St-Yrieix | Artiste en porcelaine | id. |
| Mauraux | François | 53 | id. | Souffletier | id. |

| Profession et domicile depuis le 14 juillet 1789 | | Dates des admissions | Observations |
|---|---|---|---|
| Forgeron | St-Yrieix | 13 février 1791 | |
| Marchand | id. | id. | |
| Boucher | id. | id. | |
| Serrurier | id. | id. | |
| Agent de salpêtre | id. | id. | |
| Marchand | id. | 20 février 1791 | |
| Canonnier volontaire | id. | id. | Aux frontières. |
| Volontaire | id. | id. | id. |
| Commis au greffe | id. | id. | |
| Marchand tailleur | id. | id. | |
| Huissier | id. | id. | |
| Cordonnier | id. | id. | |
| Marchand | id. | 23 février 1791 | |
| Tailleur | id. | id. | |
| Sellier | id. | id. | |
| Volontaire | id. | id. | Aux frontières. |
| id. | id. | id. | id. |
| Tisserant | id. | 27 février 1791 | |
| Perruquier | id. | id. | |
| Officier de santé et médecin | id. | 2 mars 1791 | |
| Voiturier | id. | 6 mars 1791 | |
| Gendarme | id. | id. | |
| Menuisier | id. | id. | |
| Volontaire | id. | id. | Fait prisonnier au Queyroix. |
| Chapelier | id. | id. | |
| Boucher | id. | id. | |
| Volontaire | id. | 10 mars 1791 | Aux frontières. |
| Tisserant | id. | id. | |
| Volontaire | id. | 30 novembre 1791 | Aux frontières. |
| Vivant de son revenu | id. | id. | |
| Marchand | id. | id. | |
| Tisserant | id. | id. | |
| Volontaire | id. | id. | |
| id. | id. | id. | Aux frontières. |
| id. | id. | 14 décembre 1791 | 14 déc. 1791 aux frontières. |
| Marchand | id. | id. | Aux frontières. |
| Avoué | id. | id. | |
| Instituteur | id. | 26 décembre 1791 | |
| Forgeron | id. | id. | |
| Marchand | id. | id. | |
| Volontaire | id. | 26 janvier 1792 | Aux frontières. |
| Aubergiste | id. | id. | |
| Artiste en porcelaine | id. | id. | |
| Souffletier | id. | id. | |

| Noms | Prénoms | Age | Lieu de naissance | Profession et domicile avant le 14 juillet 1789 | |
|---|---|---|---|---|---|
| HEBRARD, père | Pierre | 57 | St-Yrieix | Marchand | St-Yrieix |
| PAIGNON, cadet | Pierre | 25 | id. | Talandier | id. |
| BONNET | Léonard | 23 | id. | Menuisier | id. |
| TEYTU LAJARRIGE | Jean | 62 | Ségur | Lieutenant civil de police | id. |
| DELAGE | Pierre | 26 | St-Yrieix | Cordonnier | id. |
| BORDAS, cadet | François | 34 | id. | Artiste en porcelaine | id. |
| DUPUY | François | 36 | Le Chalard | Charpentier | id. |
| BEYNEIX D'JOLICOUR | Jean | 38 | St-Yrieix | Cordonnier | id. |
| GÉRAUD | Léonard | 33 | Coussac | id. | id. |
| COMBRÉ | Louis | 32 | St-Yrieix | Fermier | id. |
| SILVAIN | Yrieix | 22 | id. | Etudiant | id. |
| BORDAS, fils | Jean | 22 | id. | Cordonnier | id. |
| HEBRARD, fils | Pierre | 34 | id. | Sellier, marchand | id. |
| JARY | Jean | 40 | id. | Cordonnier | id. |
| BEYNEIX | Tibaux | 56 | id. | Chapellier | id. |
| DUFOURY | Pierre | 36 | id. | Tisserant | id. |
| DECOUX | Georges | 44 | id. | Talandier | id. |
| VILLEMONEIX | Aubin | 62 | id. | Tanneur, marchand | id. |
| HABRIARD | Jean | 38 | id. | Boucher | id. |
| JOUSSEIN | Simon | 24 | id. | Cordonnier | id. |
| BAGNIOL | Etienne | 36 | Limoges | Artiste en porcelaine | Limoges |
| CROUZILLARD, fils | Jean-Stanislas | 20 | St-Yrieix | Etudiant | St-Yrieix |
| MOULIN-LAVERGNE | Jean-Baptiste | 36 | Chalus | Notaire | Chalus |
| IMBERT | Bernard | 44 | Coussac | Vivant de son revenu | Coussac |
| GENTIL-MESURA | Léonard | 47 | St-Yrieix | id. | St-Yrieix |
| MASFI | Joseph | 23 | id. | Etudiant | id. |
| ROUCHAUD | Aubin | 62 | id. | Tailleur | id. |
| VESSIÈRE | Jean | 44 | id. | Perruquier | id. |
| JARRY | Léonard | 36 | Jumilhac | Serrurier | id. |
| DECHAMPS, fils | Jean | 24 | St-Yrieix | Marchand | id. |
| BONNET | Pierre | 63 | id. | Menuisier | id. |
| ROLIN | Guillaume | 60 | Excideuil | Tanneur | id. |
| DELAGE | Jean | 50 | St-Yrieix | Cloutrier | id. |
| DUFOURG | Michel | 45 | id. | Forgeron | id. |
| MARTIN | Bertrand | 44 | Excideuil | Coutellier | id. |
| BROUHAUD | François | 28 | St-Yrieix | Etudiant | id. |
| LESPERU-LACAUX | Pierre | 49 | id. | Marchand | id. |
| FOUTANAUX | Jean | 34 | Engoisse | Tisserant | id. |
| BRUGARDAMÉ | Jean | 64 | Jumilhac | Aubergiste | id. |
| DUPUY | Martial | 34 | St-Yrieix | Cordonnier | id. |
| VEYSSIÈRE | François | 27 | id. | Tisserant | id. |
| MEILLAUD | Jean | 30 | Sauvre | Marchand | id. |
| AUTIER | Elie | 45 | St-Yrieix | Notaire | id. |
| POUZAUT | Embroise | 42 | Casoulet | Gendarme | id. |
| SENAMAUD | Joseph | 29 | St-Yrieix | Etudiant en droit | id. |

| Profession et domicile depuis le 14 juillet 1789 | | Dates des admissions | Observations |
|---|---|---|---|
| Marchand | St-Yrieix | 26 janvier 1792 | |
| Talandier | id. | id. | |
| Volontaire | id. | id. | Aux frontières. |
| Maire | id. | 1er mars 1792 | |
| Volontaire | id. | id. | Aux frontières. |
| Directeur de la poste | id. | id. | |
| Charpentier | id. | id. | |
| Cordonnier | id. | id. | |
| id. | id. | id. | |
| Fermier du Comité de surveillance | id. | id. | |
| Secrétaire du Receveur | id. | 15 mars 1792 | Volontaire blessé. |
| Cordonnier | id. | id. | |
| Sellier, marchand | id. | id. | |
| Cordonnier | id. | id. | |
| Chapellier | id. | id. | |
| Tisserant | id. | id. | |
| Talandier | id. | id. | |
| Tanneur, marchand | id. | 8 mai 1792 | |
| Boucher | id. | id. | |
| Volontaire | id. | id. | Aux frontières. |
| Entrepreneur de la fabrique | id. | id. | |
| Volontaire | id. | id. | Aux frontières. |
| Juge au tribunal | id. | 14 janvier 1791 | |
| Administrateur du district | id. | id. | |
| Vivant de son revenu | id. | 15 juillet 1792 | |
| Tanneur | id. | id. | |
| Tailleur | id. | id. | |
| Perruquier | id. | id. | |
| Serrurier | id. | id. | |
| Marchand | id. | id. | |
| Menuisier | id. | id. | |
| Tanneur | id. | id. | |
| Cloutrier | id. | id. | |
| Forgeron | id. | id. | |
| Coutellier | id. | id. | |
| Marchand | id. | id. | |
| Greffier du juge de paix | id. | id. | |
| Tisserant | id. | id. | |
| Aubergiste | id. | id. | |
| Cordonnier | id. | id. | |
| Volontaire | id. | id. | Prisonnier au Queyroix. |
| id. | id. | id. | Aux frontières. |
| Notaire | id. | id. | |
| Gendarme | id. | id. | |
| Volontaire | id. | id. | Prisonnier au Queyroix. |

| Noms | Prénoms | Age | Lieu de naissance | Profession et domicile avant le 14 juillet 1789 | |
|---|---|---|---|---|---|
| SULPICY | Antoine | 26 | St-Yrieix | Etudiant | St-Yrieix |
| BARGUET | François | 27 | id. | id. | id. |
| TEYTUT, fils | Pierre | 23 | id. | id. | id. |
| BARGET | Arnoul | 64 | id. | Tisserant | id. |
| TEYTUT, jeune | Pierre | 17 | id. | Etudiant | id. |
| CALOTTE, fils | Pierre | 17 | id. | id. | id. |
| MÉDARD | Victor-Joseph | 19 | En Lorraine | id. | id. |
| ROUCHAUD, cadet | Joseph | 20 | St-Yrieix | Serrurier | id. |
| AUCONSUL | Georges | 35 | Pissac | Maître de forges | id. |
| BALLETE | Nicolas | 27 | St-Aulée | Maréchal-ferrant | id. |
| DRAPEYRON | Pierre | 23 | Lubersac | Etudiant | id. |
| BOYER | Pierre | 43 | St-Paul-La-Roche | Commis aux douanes | id. |
| DEVERGNE, fils | Jean-Baptiste | 18 | St-Junien | Etudiant | id. |
| AUDEBERT | Jean-Baptiste | 21 | St-Yrieix | id. | id. |
| MAURAN, cadet | Jean | 33 | id. | Tisserant | id. |
| FROMAUTÉ | Claude | 38 | Nevers | Peintre en porcelaine | id. |
| PANARDIE | François | 34 | St-Yrieix | Forgeron | id. |
| CAFORET | Antoine | 33 | id. | Etudiant | Ile d'Oléron |
| PARAUD | Pierre | 28 | id. | Tisserant | St-Yrieix |
| DECHAMP | Antoine | 52 | id. | Marchand | id. |
| LAURENT | Pierre | 28 | Glandon | Tisserant | id. |
| RUDEUIL DE LA CROIX | Pierre | 44 | St-Yrieix | Marchand | id. |
| RILHAC | François | 30 | id. | Tisserant | id. |
| BONHOMME | Jean | 41 | id. | Homme de loi | id. |
| PAIGNON | Pierre | 31 | id. | Organiste | id. |
| LA ROCHAS, père | Jean-Baptiste | 56 | Payzac | Tanneur | id. |
| BIDEAU | Jean-Denis | 47 | Paris | Artiste en porcelaine | Paris |
| MASSI, aîné | Pierre | 32 | St-Yrieix | Officier de santé | id. |
| BONNET, père | Guillaume | 51 | Nexon | Voiturier | St-Yrieix |
| BORDE | François | 30 | St-Yrieix | Tisserant | id. |
| BONNEFON | Paul | 34 | id. | Tanneur | id. |
| BRAGARD, fils | Jean-Baptiste | 30 | id. | Tonnelier | id. |
| DAMARZI, père | François | 52 | St-Robert | Officier gendarme | Chalus |
| VALLETTE-CHAPETIER | Elie | 55 | St-Yrieix | Vivant de son revenu | St-Yrieix |
| BONHOMME, père | Jean-Baptiste | 74 | id. | Notaire | id. |
| GEOFFROY | Utrope | 35 | Limoges | Militaire | Limoges |
| DENIS | Pierre | 50 | Sarlande | Tisserant | St-Yrieix |
| PAIGNON | Jean | 24 | Glandon | Elève en pharmacie | id. |
| SEGUY | Joseph | 49 | | Menuisier | id. |
| VEYRIER | Pierre | 41 | Sarlande | Recouvreur | id. |
| DECHAMP, jeune | Léonard | 45 | St-Yrieix | Fermier | id. |
| DUJARDIN | Léonard | 40 | id. | Armurier | id. |
| PONCET, père | Blaise | 68 | Pierrebuffière | Tailleur | id. |

| Profession et domicile depuis le 14 juillet 1789 | | Dates des admissions | Observations |
|---|---|---|---|
| Volontaire | St-Yrieix | 15 juillet 1792 | Prisonnier au Queyroix. |
| id. | id. | id. | id. |
| id. | id. | id. | id. |
| id. | id. | 14 octobre 1792 | |
| Elève de Mars | Au service dans la Vendée | id. | |
| id. | St-Yrieix | id. | |
| Volontaire | id. | id. | Aux frontières. |
| id. | id. | id. | id. |
| Directeur de la fonderie | Bessour | 15 février 1791 | |
| Maréchal-ferrant | St-Yrieix | 14 octobre 1792 | |
| Commis du district | id. | id. | |
| Chef du bureau du district | id. | id. | |
| Commis du district | id. | id. | Aux frontières. |
| Tanneur | id. | id. | |
| Boucher | id. | id. | |
| Peintre sur porcelaine | id. | id. | |
| Forgeron | id. | id. | |
| Vivant de son revenu | id. | id. | Fondateur de la Société populaire d'Ile d'Oléron. |
| Marchand | id. | id. | |
| id. | id. | id. | |
| id. | id. | id. | |
| id. | id. | id. | |
| Tisserant | id. | id. | |
| Garde magasin | id. | id. | |
| Cordonnier | id. | id. | |
| Tanneur | id. | id. | |
| Artiste en porcelaine | id. | id. | |
| Officier de santé | id. | 31 octobre 1792 | |
| Voiturier et marchand | id. | id. | |
| Tisserant | id. | id. | |
| Tanneur | id. | id. | |
| id. | id. | id. | |
| Capitaine de gendarmerie | Limoges | id. | |
| Officier municipal | St-Yrieix | 20 février 1791 | |
| Notaire | id. | 31 décembre 1792 | |
| Secrétaire de la garde nationale | id. | id. | |
| Tisserant | id. | 11 novembre 1792 | |
| Elève en pharmacie | Narbonne | id. | |
| Menuisier | St-Yrieix | id. | |
| Recouvreur | id. | id. | |
| Officier municipal | id. | id. | |
| Armurier | id. | id. | |
| Tailleur | id. | id. | |

| Noms | Prénoms | Age | Lieu de naissance | Profession et domicile avant le 14 juillet 1789 | |
|---|---|---|---|---|---|
| KREL | | 42 | Allemagne | Artiste en porcelaine | Paris |
| JARRY | Jean | 40 | St-Yrieix | Tisserant | St-Yrieix |
| MAURAUX | Martial | 42 | Coussac | Journalier | id. |
| BONNET, fils | François | 20 | St-Yrieix | Commerçant | id. |
| DECHAMP | Pierre | 65 | id. | Fermier | id. |
| JOUSSEIN | Elie | 44 | id. | id. | id. |
| ESCORNE | Michel | 48 | Au Bugue | Maréchal-ferrant | id. |
| BONNET | Léonard | 48 | St-Yrieix | Boucher | id. |
| DUJARDIN | Tibeau | 36 | id. | Marchand | id. |
| BONHOMME-LAPOU-YADE | François | 24 | Jumilhac | Etudiant | id. |
| MAGRANGEAS | Jean | 35 | Excideuil | Elève vétérinaire | id. |
| LESCURAS, fils | Léonard | 21 | St-Yrieix | Etudiant | id. |
| FROMENT | Barthélemy | 36 | Limoges | Perruquier | id. |
| MASSIAT | Jean | 41 | St-Yrieix | Militaire | id. |
| NOUHAUD | Martial | 32 | id. | Tisserant | id. |
| NOUHAUD | Guillaume | 45 | id. | id. | id. |
| NOUHAUD | Pierre | 36 | id. | id. | id. |
| POINET | Pierre | 45 | Felletin | Scieur de long | id. |
| LAMOTHE | Antoine | 40 | St-Yrieix | Tisserant | id. |
| PAIGNON | Vincent | 26 | id. | Forgeron | Faye |
| MESPIÉ | Antoine | 30 | id. | Tisserant | St-Yrieix |
| VALLADE | Léonard | 40 | D'Ussel | id. | id. |
| PAIGNON | Etienne | | id. | Maçon | id. |
| VERGNE | François | 28 | St-Yrieix | Perruquier | id. |
| DUFOURG | Jean | 56 | id. | Tisserant | id. |
| BORDAS | Antoine | 40 | Tralissac | Maréchal-ferrant | id. |
| SULPICY, aîné | Pierre | 27 | St-Yrieix | Tanneur | id. |
| ROBERT | Saturnin | 45 | id. | Tisserant | id. |
| JOUFFRE | François | 48 | id. | id. | id. |
| RESTIER | Antoine | 45 | id. | Talandier | id. |
| COMBROUZE | Jean | 45 | Janailhac | Aubergiste | id. |
| BURGUET | Jean | 75 | St-Yrieix | Prêtre | id. |
| CHABROL, père | Jean-Baptiste | 74 | id. | Notaire | id. |
| PAIGNON, aîné | Etienne | 43 | id. | Marchand | id. |
| DUJARDIN | Aubin | 44 | id. | Maître de forge | id. |
| DELAGE | Pierre | 36 | id. | Cloutrier | id. |
| CHATAIGNEAUX, fils | Jean-Baptiste | 24 | id. | Etudiant en médecine | Toulouse |
| CHEMINADE | Jean | 40 | id. | Tailleur | St-Yrieix |
| LAFORÉT | Elie | 30 | id. | Etudiant | Toulouse |
| RUDEUILAVONIE | Pierre | 46 | id. | Procureur | St-Yrieix |
| AGARD | Pierre | 44 | Nontron | Traiteur | id. |
| PAGNON | Léonard | 36 | St-Yrieix | Talandier | id. |
| CAMBROUZE | Fereol | 37 | Janailhac | Marchand | id. |
| PAIGNON | Bernard | 39 | St-Yrieix | Choriste | id. |

| Profession et domicile depuis le 14 juillet 1789 | | Dates des admissions | Observations |
|---|---|---|---|
| Artiste en porcelaine | St-Yrieix | 22 novembre 1792 | |
| Tisserant | id. | id. | |
| Journalier | id. | id. | |
| Commis au district | id. | id. | |
| Fermier | id. | id. | |
| id. | id. | id. | |
| id. | id. | id. | |
| Boucher marchand | id. | 10 décembre 1792 | |
| Marchand | id. | id. | |
| Volontaire | id. | id. | Aux frontières. |
| Vétérinaire | id. | id. | |
| Volontaire | id. | id. | Aux frontières. |
| Perruquier | id. | id. | |
| Tisserant | id. | 1er janvier 1793 | |
| id. | id. | id. | |
| id. | id. | id. | |
| id. | id. | id. | |
| Scieur de long | id. | id. | |
| Tisserant | id. | id. | |
| Forgeron | Faye | id. | |
| Tisserant | St-Yrieix | id. | |
| id. | id. | id. | |
| Maçon | id. | 15 février 1793 | |
| Perruquier | id. | id. | |
| Tisserant | id. | id. | |
| Maréchal-ferrant | id. | id. | |
| Tanneur | id. | id. | |
| Tisserant | id. | id. | |
| id. | id. | id. | |
| Talandier | id. | id. | |
| Aubergiste | id. | id. | |
| Vivant de sa pension | id. | id. | |
| Vivant de son revenu | id. | id. | |
| Marchand | id. | 15 janvier 1793 | |
| Maître de forges | id. | id. | |
| Cloutier | id. | id. | |
| Officier de santé | id. | id. | |
| Tailleur | id. | id. | |
| Marchand | id. | id. | |
| Officier public | id. | id. | |
| Aubergiste | id. | id. | |
| Talandier | id. | id. | |
| Marchand | id. | id. | |
| Instituteur | id. | id. | |

*PARDOUX BORDAS*

| Noms | Prénoms | Age | Lieu de naissance | Profession et domicile avant le 14 juillet 1789 | |
|---|---|---|---|---|---|
| Seigue | Pierre | 52 | St-Yrieix | Voiturier | St-Yrieix |
| Andrieux, fils | Jean-Baptiste | 25 | id. | Etudiant | id. |
| Marneix | Jean | 45 | id. | | id. |
| Gavinet | Jean-Baptiste | 45 | Mons-les-Belles | Greffier | Mons-les-Belles |
| Doucet | Jean-Baptiste | 30 | St-Yrieix | Tailleur | Paris |
| Biaujaud | Georges | 35 | id. | Faïencier | St-Yrieix |
| Bordas, père | Guillaume | 60 | id. | Cordonnier | id. |
| Biaujaud | Léonard | 41 | id. | Forgeron | id. |
| Maurau | François | 29 | id. | Cordonnier | id. |
| Robert | Pierre | 40 | Sarlande | Journalier | id. |
| Buly | Alexis | 30 | Bugueil | Maçon | id. |
| Morange, fils | Jean | 29 | St-Yrieix | Arpenteur géomètre | id. |
| Delage | Aubin | 35 | Sarlande | Journalier | id. |
| Maufauge | François | 30 | St-Yrieix | Marchand | id. |
| Villemoneix | Elie | 26 | id. | Tanneur | id. |
| Gaudet | Jean-Baptiste | 41 | Dijon | Comr en Balant de la Direction | Limoges |
| Ganity | Franç.-Jacques | 38 | Limoges | Receveur du Ballant | id. |
| Gondinet | Pierre | 47 | St-Yrieix | Vivant de son revenu | St-Yrieix |
| Villemoneix | Antoine | 23 | id. | Commis marchand | id. |
| Chalard | Pierre | 28 | St-Domingue | Etudiant | Bordeaux |
| Jourde, fils | Simon | 20 | St-Yrieix | Chapelier | St-Yrieix |

Certifié par nous soussignés membres de la Société populaire de St-Yrieix-la-Montagne.

A St-Yrieix-la-Montagne, ce 29 brumaire an III de la République une et indivisible.

(Signé) : J. Crezennet, Rigaud gendarme, Rigaud cadet, Poncet, Pouveraud, Bonnet, Pommaret, Crezeunet, Moulin, Devaud, Joussin Jean, Crouzillard aîné, Raymond, Sulpiq, Hebrard, Audiguet, Combret, Bonnefon, Delage, Bonnefoy, Queyroulet Pierre Gaudet, Labie.

| Profession et domicile depuis le 14 juillet 1789 | | Dates des admissions | Observations |
|---|---|---|---|
| Voiturier | St-Yrieix | 15 janvier 1793 | |
| Tanneur | id. | 19 février 1793 | |
| | id. | id. | |
| Administrateur du District | id | id. | |
| Tailleur et marchand | id. | id. | |
| Faïencier | id. | id. | |
| Cordonnier | id. | id. | |
| Forgeron | id. | id. | |
| Cordonnier | id. | 10 août 1793 | |
| Piéton du district | id. | id. | |
| Maçon | id. | id. | |
| Arpenteur géomètre | id. | 4 nivôse | |
| Piéton du district | id. | 16 juillet 1793 | |
| Marchand | id. | id. | |
| Tanneur | id. | 14 août 1792 | |
| Receveur au droit d'Enregistre-ment | id. | 1er primaire der | Un des fondateurs de la Société de Limoges. |
| Receveur du district | id. | 20 ventôse | Un des fondateurs de la Société de Tulle. |
| Vivant de son revenu | id. | 13 janvier 1793 | |
| Commis du district | id. | id. | |
| Vivant de son revenu | Bordeaux | 20 pl. 3e année | |
| Canonnier blessé | St-Yrieix | 18 brumaire | |

Queyroulet aîné, Rudeuil, Sarlandie, F. Moreaud, Mazeau, Imbert, Gondinet, Laforest fils aîné, Brouizes, Joffroy, Andrieu, Catolle fils, Jauffre, Lesperet-Lascaux, Mazeaud, Gery, Jaussein François, Baloyte, Rachartot, Veyssière, Paignon instituteur, Bordas, Petit, Seguy, Gaudet, Choury, Autier, Seguy,

Paris, le cinquième jour de la troisième décade du premier
mois, de la première année de la République une et
indivisible.


« Citoyens,


« Nous n'avons pas encore de nouvelles de l'armée du
« Nord. Nous pensons que Brunswick n'aura pas voulu
« ramasser le gant qui lui aura été jeté. Nous présumons
« qu'il aura rétrogradé.

« Les satellites des tyrans n'ont de confiance que dans la
« supériorité des forces. Ils haïssent, ils redoutent partout
« l'égalité, même celle des armes. Les lâches ! Qu'ils fuient
« ces soldats ! Les enfants de la liberté sauront les atteindre.

« Sur tous les autres points de la République, nos avan-
« tages se succèdent rapidement. L'Espagnol est battu ; la
« Vendée est dispersée ; les rebelles de Lyon sont hachés ;
« partout les traîtres sont arrêtés et la vengeance nationale est
« prête à fondre sur toute les têtes coupables.

« Les conspirations se multiplient; la surveillance les
« découvre, la puissance nationale enchaîne les chefs et,
« bientôt, justice sera faite.

« Ainsi, l'expérience nous prouve que les gouvernements
« ne naissent que dans les orages et que les lois ont toujours
« été données aux hommes au milieux des foudres et des
« éclairs. Ainsi également l'expérience prouvera que ce feu

« électrique frappera à coup sûr les scélérats qui occasionnent
« le frottement d'où il naît.

 « Citoyens, j'ai reçu des nouvelles de la Société de Limoges.
« J'ai appris avec une vive satisfaction le compte que Foucault
« a rendu de la disposition des esprits, de la vôtre. Ne restez
« donc pas au-dessous de la révolution ; élevez vos âmes à son
« niveau, répandez cette énergie qui doit faire triompher la
« Liberté. Que le même esprit nous anime et nous dirige !
« Soyons tous Républicains et soyons-le dans toute la force
« du terme ; le courage fait des citoyens, l'indifférence et la
« pusillaminité font des rois.

 « Loin de nous cette espèce d'hommes qui en usurpant les
« droits du peuple l'avaient dégradé et avili, avaient dégradé,
« avili, méconnu et foulé les droits les plus précieux de la
« nature.

 « Salut,

Signé : « BORDAS. »


Paris, le septième jour de la deuxième décade du premier
  mois de la deuxième année de la République une et
  indivisible.


 « Citoyens,

 « J'ai présenté votre adresse à la Convention ; vous la
« trouverez insérée dans la nomenclature des adresses de la
« même nature car celles-ci ne reçoivent point l'accueil ordi-
« naire, on s'en contente d'en rendre le vœu public.

143

« En mon particulier, j'en ai été très satisfait et je vous
« l'aurais proposé si j'avais pu le faire.

« Gorsas fut arrêté dimanche, le lendemain il fut expédié.
« Ainsi se terminent les jours des contre-révolutionnaires. Il
« a frayé la route fatale mais juste, dans laquelle les représen-
« tants du peuple, qui sont capables de trahir ses intérêts et
« leurs devoirs, trouveront toujours le châtiement de leurs
« crimes.

« Je suis étonné, citoyens, de votre lenteur à faire ce que
« vous inspire l'intérêt que vous prenez de vos fonctionnaires
« suspendus. Le rapport général est prêt, voici l'article que je
« dois vous transmettre :

« Le district de Saint-Yrieix, dit le rapporteur, a paru
« différemment agité que l'Administration du Département,
« et les démarches des autorités constituées de cette ville ont
« besoin d'être scrupuleusement surveillées ; agitée au milieu
« de ses forêts, elle semble aussi dominée du démon du fédé-
« ralisme. Le résultat est de renouveller ces autorités consti-
« tuées et de déclarer que les membres ne pourront être élus
« à aucune fonction publique pendant cinq ans.

« J'ai demandé au Rapporteur une entrevue avant d'en
« délibérer séparément sur cet article avant de le soumettre à
« la Convention.

« Cette entrevue a été fixée à demain matin. C'est le moment
« où j'aurais eu besoin de l'expression de votre vœu. Je me
« servirai de votre arrêté auprès de lui. Je seconderai vos
« désirs de tout mon pouvoir, je voudrais pouvoir en assurer
« le succès.

« Le rapport est fort long, il tiendra plusieurs séances ; le
« jour où il sera entamé est encore inconnu, peut-être votre
« adresse et vos observations me parviendront-elles encore à
« temps et assez tôt pour n'être pas inutiles.

« Citoyens, redoublez de zèle et d'énergie, surveillez les
« modérés, ils sont l'aimant entre deux fers qu'il veut s'at-
« tacher.

« Salut,

Signé : « BORDAS. »


Paris, le premier jour de la troisième décade du premier
  mois de la deuxième année de la République une et
  indivisible.


  « Citoyens,

« La hache de la Liberté, après avoir brisé un tronc
« empoisonné, va s'abaisser enfin sur la tête de ceux qui ont
« voulu en rassembler les débris.

« Nos troupes sont entrées victorieuses dans Lyon, Vive la
« République !

« Au premier bruit de cette nouvelle, qui nous est par-
« venue ce matin, nous avons senti moins de joie que d'indi-
« gnation.

« Quelques scélérats aristocrates avaient débité que 30.000
« rebelles s'étaient sauvés de cette ville infâme avec leurs
« armes et leur artillerie. La trahison, alors, ne nous semblait

145

« plus douteuse. Déjà le tonnerre grondait et nous invoquions
« la foudre sur la tête des traîtres.

« Mais, bientôt, une nouvelle officielle nous a rassurés.
« Deux mille, tout au plus, avaient trouvé le secret de sortir
« de cette antre impure ; les Républicains se sont mis à leur
« poursuite, ont enlevé l'artillerie et le trésor de ces mons-
« tres. Les Républicains ont haché ce qu'ils ont trouvé de ces
« hordes sacrilèges, ils ont juré de ne pas rejoindre le corps
« de l'armée que le dernier de ces fuyards ne soit exterminé.

« L'indigne Lyon est donc à nous. Les conspirateurs que
« ce séjour renferme vont servir d'exemple à la France et à
« l'Europe. Lyon va être réduit en cendres. Le feu, seul, peut
« purifier tous les crimes.

« Les maisons des sans-culottes, les ateliers, les manufac-
« tures et les hospices ou maisons d'instruction seront seuls
« exceptés ; jusqu'au nom de cette ville, tout sera détruit.

« C'est aujourd'hui la *Ville affranchie*, Lyon est à nous.

« Les vainqueurs de ce lieu infernal vaincront aussi les
« brigands de Toulon. Vive la République !

« Citoyens, la *Ville affranchie* peut encore servir à vous
« mieux éclairer. L'évêque Damourette, ex-législateur du *côté*
« *droit*, combattait à la tête des brigands.

« Ainsi ce vautour, qui a été fait prisonnier dans une des
« redoutes que notre armée a enlevée, vous prouvera et con-
« vaincra les plus incrédules et des principes attachés au côté
« surnommé *le droit* et de la scélératesse de tous leshypocrites
« et de la confiance que vous devez avoir de tous ces sacrés

« calotins qui n'ont de l'homme que les vices. Citoyens, l'épo-
« que d'aujourd'hui sera mémorable.

« Aujourd'hui est le jour de grandes batailles, toutes nos
« troupes du Nord ont aujourd'hui donné ; nous ne doutons
« pas du succès, mais nous savons que, dans une bataille, il
« est toujours incertain.

« Nous attendons avec une impatience, avec une sollici-
« tude qui caractérise les âmes républicaines, la journée de
« demain parce que nous attendons les nouvelles de ces
« batailles.

« Vous n'en connaîtrez le résultat que samedi.

« Ah ! sans doute, le génie de la Liberté aura dirigé et pro-
« tégé nos âmes.

« Salut,

Signé : « BORDAS. »

Paris, le premier jour de la troisième décade du premier
  mois de la deuxième année de la République une et
  indivisible.

« Citoyens,

« Voyez autour de vous, il y existe encore des masques
« qui cherchent à éterniser vos remords et à assurer votre
« perte et votre ruine. En vous les faisant connaître, je remplis
« mon devoir, faites le vôtre.

« Je suis ici en vedette, et vous aussi surveillez de votre

147

« côté, car tel qui vous trahit indignement et par derrière est,
« à mes yeux, aussi capable de trahir sa patrie.

« J'entends vous parler ici du citoyen LABARTHE. Je m'étais
« trompé, en le jugeant d'après deux lettres qu'il m'avait
« écrites, je le croyais franc républicain et dévoué aux sans-
« culottes de St-Yrieix.

« Deux témoins m'attestent qu'il intrigue pour ravir à votre
« ville ses établissements publics.

« Il n'a pas dépendu de lui si la ville de St-Germain
« n'a pas déjà envoyé deux Commissaires auprès de la Con-
« vention pour obtenir la translation du District.

« S'il était assez lâche pour le nier, je vous le prouverais
« par les personnes mêmes à qui il en a fait l'aveu et qui, en
« ce moment, sont à Paris.

« Citoyens, votre sort est dans vos mains.

« Vous serez l'instrument du bonheur ou du malheur du
« peuple qui vous environne. Montrez-vous dignes de la bien-
« veillance de la Nation, et elle sera juste à votre égard.

« Soyez Républicains jusque dans le plaisir et, trouvant
« en vous des enfants dignes d'elle, la Patrie vous offrira une
« mère digne de vous.

« Je vous invite, Citoyens, à m'envoyer une expédition du
« procès-verbal de la séance où la Société s'est établie et d'y
« ajouter le certificat des principes que j'y ai constamment
« développés.

« Salut,

Signé : « BORDAS. »

148

Paris, le huitième jour de la troisième décade du premier
mois de la deuxième année de la République une et
indivisible.


« Citoyens,

« J'avais trouvé, sur ma route, un excellent fanal ; il m'a
« conduit à la vérité que, déjà, je vous avais dénoncée. Les
« Commissaires de St-Germain sont arrivés à Paris.

« J'avais, à la maison, trois de nos concitoyens qui furent
« témoins de la visite que me firent hier : Gourgaderie, Dupont
« et... (nom illisible).

« Gay-Vesnon vient de m'apprendre qu'il y en a un qua-
« trième que je n'ai pas vu : Lasserre ; il fut question, entre
« nous, du sujet de leur voyage.

« Notre entretien devint un sujet de plaisanterie. Une route
« affreuse pour ces gens de Saint-Germain ne sera que trop
« commode pour mes concitoyens.

« Saint-Yrieix est à l'extrémité ; Saint-Germain est au
« centre des administrés, il faut que St-Yrieix, il faut que
« St-Léonard, sautent, St-Germain doit s'élever sur leurs
« ruines. Et moi, je veux l'enrichir encore de la suppression
« d'Uzerche et d'Ussel afin de faire de Saint-Germain un lieu
« à peu près central.

« Il fallut en venir à des explications franches. La carte à
« la main, je combattis leurs espoirs. Le langage de la raison
« les effraya. Je regrettai la dépense qu'avait exposée une

« commune pour une tentative aussi hasardée, aussi précoce.
« Je les exhortai à faire leur séjour un peu court. Demain, ils
« dîneront avec nos concitoyens chez moi. Je verrai leur
« pétition et les motifs sur lesquels ils la fondent, aussitôt
« qu'ils l'auront remise au Comité de Division.

« Je ferai plus, je vous en enverrai une copie, pour qu'après
« l'avoir méditée, vous vous trouviez en mesure de la com-
« battre et de m'aider tout à la fois de vos lumières et de votre
« présence, si elle peut paraître ou devenir nécessaire, car,
« ici, nul moyen ne doit être négligé pour conserver une pro-
« priété que je garde pour notre ville.

« Mais que cette démarche de nos voisins ne nous fasse
« rien précipiter. Soyez à vos postes, ne les abandonnez pas ;
« éclairez le peuple, élevez les âmes et ne vous rappelez de
« cette modestie locale, fruit de l'asservissement, que pour en
« abjurer la cause honteuse.

« Je suis en faction, je ne crains pas d'être surpris. Le
« moment de nous occuper d'une nouvelle division du terri-
« toire de la République n'est pas encore venu.

« Vous en serez instruits à l'avance et, d'ici à cette époque
« que je vois très éloignée, vous aurez le temps de monter
« vos matériaux. J'aurai, moi aussi, celui de préparer les
« esprits, de présenter et de faire le premier valoir vos raisons
« de la Justice et, surtout, les droits du Peuple de notre Dis-
« trict, car tout changement que je regarde impossible ne
« pourrait que les blesser.

« J'ai reçu, Citoyens, votre adresse avec les pièces qui y

« étaient jointes, et j'en ai fait ordonner le renvoi au Comité
« de sûreté générale.

« Je n'ai point reçu de nouvelles directes de FOUCAULT ; il
« me tarde de connaître et de voir le rapport qu'il doit pré-
« senter sur l'esprit public de la Société et des Citoyens de
« notre ville.

« Je juge, à l'avance, de ce qu'il m'offrira d'agréable par
« le procès-verbal que vous avez envoyé de la séance à
« laquelle ce Commissaire assista.

« La lecture m'a entièrement satisfait. Je vois, avec cet
« intérêt qui unit mon âme à celle de mes concitoyens, qu'ils
« sentent le besoin de cette énergie qui, toujours, caractérisa
« les peuples républicains.

« Je les vois la déployer cette énergie qui, seule, peut
« sauver la liberté ; je les vois sur la route qui conduit aux
« grands principes et doit les élever à la hauteur d'une révo-
« lution dont l'Histoire n'offre pas d'exemple.

« Marchez, Citoyens, marchez à grands pas vers cette révo-
« lution, soyez toujours à ses côtés, soyez vous-mêmes révolu-
« tionnaires.

« Entre la vertu et le crime, le patriotisme et l'aristocratie,
« guerre implacable, guerre éternelle. On ne vit point, dans
« les beaux jours de Rome, CATON négocier avec CATILINA ni
« BRUTUS embrasser CÉSAR.

« Tonnez, foudroyez tous ces traîtres, tous ces conspirateurs,
« le combat est, aujourd'hui, engagé ; il faut fixer la victoire.

« Vive la République, vive l'Armée du Nord.

« *Vive Jourdan, Général Limousin.*

151

« L'Armée de Jourdan s'est mesurée avec celle des despo-
« tes coalisés. La bataille a duré deux jours consécutifs, depuis
« la pointe du jour jusqu'à la nuit.

« Cobourg surpassa Vauban dans l'art des retranchements
« et des fortifications. En bravoure, en audace, les Français
« surpassent tous les peuples. Comme ils bravent le nombre et
« les talents, ils bravent le feu, ils surmontrent toutes les dif-
« ficultés, ils ne peuvent que vaincre.

« Cobourg avait, pendant 17 jours, occupé son armée à
« retrancher son camp qui, par sa seule position, paraissait
« inexpugnable. Lui-même, Cobourg, avait dit que si les Fran-
« çais réussissaient à l'en débarquer *il jurait de reconnaître la*
« *République et de se rendre lui-même Républicain.*

« Jourdan paraît, à la tête de son armée. La bataille s'en-
« gage et le Français marche sur les cadavres des satellites
« des despotes, et le Français se rend maitre du camp de
« Cobourg.

« Soixante mille hommes, qui cernaient Maubeuge, volent
« au secours de Cobourg. Cette force immense, repousse nos
« troupes et l'ennemi reprend son camp.

« Le Français redouble alors d'ardeur et de courage. Le
« génie de la Liberté parle à son cœur, il sent que l'homme
« libre doit ensevelir son ennemi sous ses propres travaux,
« sous ses propres retranchements, il sent que de cette bataille
« peut dépendre le triomphe de la Liberté. L'amour de la
« patrie l'enflamme, le dirige et le rend actif comme la fou-
« dre.

« Le cliquetis des baïonnettes se fait entendre, nos braves

« frères s'élancent, rien ne saurait résister à leur impétuosité.

« Ils percent, ils enfoncent de tous les côtés à la fois, ils
« promènent la mort dans les rangs de l'ennemi qui ne sait
« plus se battre et qui ne s'occupe que de fuir, aussi ce qui
« échappe de l'armée ennemie tombe dans une déroute com-
« plète.

« Encore une fois, la victoire reste à la vertu et à la
« Liberté.

« Ce coup d'essai du Général Jourdan fera à jamais son
« éloge, sans doute il profite encore de sa victoire, sans doute
« il va poursuivre et finira d'exterminer ces soldats esclaves,
« mais ceux de la Liberté ont bien mérité de la Patrie.

« Le tribut qui leur est dû est profondément gravé dans
« l'âme de tout bon Français, de tout vrai Républicain. La
« Convention est, à leur égard, devenue l'interprêtre de la
« nation entière, en déclarant que l'armée du Nord a, pour la
« seconde fois, bien mérité de la Patrie.

« Réfléchissez, Citoyens, sur les avantages de cette fameuse
« bataille.

« Maubeuge était cerné et la faim l'avait réduit. Maubeuge
« était cerné, 150.000 hommes étaient à portée de se joindre
« aux ennemis assaillants.

« Ainsi, sur ce point, de ce côté, la France était vivement
« menacée et le même succès délivre Maubeuge, et le même
« succès purgera enfin le territoire français de Cobourg et de
« son armée, et le même succès nous reportera sur ce sol que
« la perfidie nous avait fait évacuer, et le même succès, nous
« devons l'espérer, nous mènera plus loin encore.

**153**

« Je ne vous parle pas, Citoyens, des atrocités que commet-
« tent les soldats des tyrans sur ce sol de la République qu'ils
« souillent de leurs pas, les journalistes vous en rendront
« compte et ce que je ne dois pas vous dissimuler c'est que
« l'incendie puis le pillage, le viol et le meurtre font rage, aussi
« nul quartier, nulle rémission, nulle capitulation, la liberté
« ou la mort.

« Il existe des nouvelles de la Vendée mais elles ne sont
« pas officielles et je n'ose les hasarder car mes propres enne-
« mis en sèment de toutes les espèces et sur tout pour tou-
« jours fausser, fatiguer et faire crier les enfants de la liberté
« ces braves, les généreux sans culottes.

« Vous recevrez, par le prochain courrier, d'autres détails
« non moins intéressants.

« Salut,

Signé : « BORDAS. »


Le sextide de la deuxième décade de brumaire an 2 de la
République une et indivisible.


« Citoyens,

« J'avais laissé à vos commissaires le soin de la correspon-
« dance pendant leur séjour près le foyer de la Liberté, dans
« ce lieu où la Liberté est née, dans cette grande commune ou
« la Liberté doit se fortifier et où elle deviendra impérissable.

« Je ne leur ravirai point ce doux avantage mais aussi je

« n'étoufferai point moi-même quelques mots que je crois
« utiles à ma patrie, utiles à la Liberté.

« Il est tombé, je l'ai vu, ce masque qu'on faisait servir à
« calomnier la Montagne. Elle vient de tomber, cette tête que
« l'on disait placé sur le buste d'un Cromwel. Il a expié tous
« ses crimes, celui dont le nom était un épouvantail pour ces
« hommes qui ne se sentent pas la force de se sacrifier pour la
« Liberté de leur pays.

« La terre est purgée de ce grand conspirateur, et son sang
« impur a coulé devant la statue de la Liberté.

« Philippe d'Orléans n'ombragera plus les principes des
« vrais Républicains, l'ignorance et la malveillance, la calom-
« nie et le modérantisme sont écrasés par ce grand acte de
« sévérité et de justice.

« Sans doute, aujourd'hui, la France entière rendra aux
« habitants de la Montagne l'hommage qui leur est dû. Sans
« doute, la France entière, l'Europe elle-même seront, aujour-
« d'hui, pénétrées de cette vérité : Sans liberté, sans républi-
« que, plus de France.

« Chaque Français doit le crier : il est plus doux de mou-
« rir pour la défense de la Liberté que de vivre pour l'escla-
« vage.

« Une mort glorieuse honore plus qu'une longue vie, mou-
« rons donc, s'il le faut, mais mourons en homme libre.

« Le temps d'une révolution est l'époque où éclatent les
« grands crimes. Les traitres et les ambitieux ne connaissent
« ni la nature ni la loi.

« La nature doit les repousser, la loi doit les cinériser *(sic)*.

« Coustard, l'un des représentants du peuple, a subi le
« même sort que Philippe. Trois autres conspirateurs leur ont
« fait compagnie, tous cinq ont joué la même partie.

« Chaque jour dévoile les mêmes crimes, chaque jour offre
« les mêmes exemples; il faut purifier la République. Elle ne
« peut nourrir que les vertus, puisqu'elle ne peut se soutenir
« que par elles.

« Lycurgue fonda le bonheur des Lacédémoniens en faisant
« sucer aux enfants l'amour de leur pays avec le lait de leur
« nourrice.

« Et vous, Citoyens, pénétrez tous les cœurs de cet amour
« brulant de la patrie qui est la première vertu d'un peuple
« libre. Apprenez aux enfants à voir partout leur Patrie et à
« ne voir qu'elle jusqu'à la mort.

« Enseignez aux hommes la vraie morale, celle des peuples
« libres, c'est-à-dire vertueux, et donnez leur à tous l'exemple
« d'une nouvelle vie civique.

Du septidi,

« Aujourd'hui s'est faite une nouvelle, brillante et heureuse
« révolution. La raison et la philosophie ont triomphé. Le
« fanatisme et la superstition sont aux abois. Le despotisme
« royal fut abattu le 10 août, le despotisme sacerdotal a vu son
« tombeau se creuser aujourd'hui.

« Des prêtres, philosophes des campagnes, ont envoyé à la
« Convention leurs lettres de prêtrises pour être brulées.

« Des départements, des communes, ont déclaré qu'ils ne
« voulaient plus ni prêtres ni évêques.

« L'évêque de Paris et son clergé sont venus abjurer leur
« ancienne qualité, déposer leurs fonctions et offrir, pour être
« jetés aux flammes, les hochets dont ils se servaient pour
« faire des dupes, des ignorants et des fanatiques.

« Les évêques et autres ecclésiastiques, qui siègent avec
« nous et qui se sont sentis au-dessus des anciennes erreurs,
« ont franchement suivi le même exemple.

« La Haute-Vienne n'a plus d'évêque; GAY VERNON a
« renoncé à sa double qualité d'évêque et de prêtre ; lui et ses
« collègues n'ambitionnent plus que le titre de citoyens et
« l'honneur des républicains.

« Ainsi, à l'avance, je vous avais invités à vous élever con-
« tre le fanatisme et la superstition. Destruisez ce monstre à
« cent têtes dans votre contrée et, alors, vous aurez réellement
« servi votre Patrie.

« Salut,

Signé : « BORDAS.


« Vos adresses ont été lues ce matin, elles ont reçu de vifs
« applaudissements et ont obtenu l'insertion au bulletin avec
« la mention habituelle. »


Paris, le quintidi Nivose, L'an II de la République une et
indivisible.

« Citoyens,

« J'ai éprouvé ce qu'avaient de doux les droits de la nature ;
« j'éprouve, en ce moment, tout ce qu'ils ont de terrible.

« **Ma** situation ne saurait être indifférente aux hommes qui
« sont dignes d'être pères. Je sens mes facultés décroitre, en
« proportion de la douleur qui me dévore.

« Je cherche une consolation dans l'estime, dans l'amitié,
« dans l'attendrissement de mes concitoyens mieux à portée
« de calculer mes maux et d'apprécier le juste sujet de mes
« chagrins et de mes inquiétudes.

« L'amour de ma patrie vient, dans cet instant, à mon
« secours et en impose, dans cet instant, à l'amour paternel
« qui, chez de vrains républicains ne doit plus marcher qu'en
« seconde ligne.

« Périssent nos enfants, nos parents, nos amis, périssons
« nous-même ! Mais que la Patrie soit sauvée et elle le sera.

« Toulon, l'infâme Toulon est à nous. Rien n'est plus
« invincible aux défenseurs de la République.

« Les satellistes de Georges ont été, en partie passés au fil
« de l'épée et en partie noyés. Malheureusement, une partie
« encore s'est sauvée sur l'élément qui doit les engloutir car
« les crimes des despotes ne sauraient rester impunis.

« Toulon est repris, le Midi est sauvé, la Liberté est impé-
« rissable. Célébrons la d'une manière digne des Français,
« célébrons cette victoire à jamais mémorable. Le journal vous
« en apprendra les détails.

« Vous m'avez transmis, Citoyens, le compte que vous ont
« rendu vos Commissaires. Ils font servir, à mon éloge, le
« devoir que j'ai rempli à leur égard, devoir bien doux quand
« c'est le cœur qui le prescrit, devoir bien doux quand le
« cœur y trouve sa première jouissance.

« Ils ont eu raison de vous le dire, Citoyens, et je les invite
« à en être bien persuadés, l'instant de notre séparation a été
« pour moi un instant de deuil, parce que j'aurais désiré, sur-
« tout, qu'ils vous eussent rapporté la double satisfaction à
« laquelle la justice nous donne le droit de prétendre.

« Puissiez-vous connaitre mon âme et vous connaitriez,
« alors, ses vœux les plus chers, je les manifesterai au moins
« et je saurai vous en rendre témoins.

« Je n'attends que le moment favorable pour prouver à
« chacun de mes concitoyens que je mérite leur confiance et
« leur amitié.

« A mon tour, citoyens, qu'il me soit permis de vous dire
« que la modestie de vos Commissaires peut vous avoir
« dérobé.

« Ils étaient et ils se sont montrés dignes de notre con-
« fiance ; je n'ai fait que partager leur sollicitude.

« J'ai été témoin de leur bonne conduite et de leurs démar-
« ches et si, quelquefois, ils ont témoigné de la peine, des
« regrets, combien ce sentiment était louable en eux.

« C'est donc particulièrement envers eux que vous devez
« diriger votre gratitude.... Ils m'ont laissé, citoyens, un repos
« bien respectable : celui de vos sacrifices en faveur de nos
« frères d'armes prisonniers.

« Je désespère de pouvoir remplir vos intentions. Le
« ministre de la guerre est embarrassé pour faire parvenir ce
« don à sa destination. J'ai écrit à JOURDAN et j'attends sa
« réponse que je vous transmettrai.

159

« De l'énergie, de la confiance et quelques jours encore, la
« Liberté sera sauvée.

« Vive la République, Vive la Montagne.

Signé : « BORDAS. »

Paris, le septidi Nivose l'an II de la République une et indivisible.

« Citoyens,

« La prospérité des armes de la République suspendra au
« moins l'accès de ma douleur si, dans ce moment, elle ne
« peut entièrement étouffer le sentiment qu'inspire l'adver-
« sité.

« Je vous annonçais avant hier, mes chers Concitoyens,
« l'entrée triomphale des Français dans l'infame Toulon.

« Qu'il me soit permis, aujourd'hui, de vous annoncer la
« destruction des brigands de la Vendée.

« Encore quelques jours, et on ne pourra plus compter de
« ces rebelles que les cadavres. Toutes les routes en sont
« couvertes, les cultivateurs de ce malheureux pays en ont
« juré la mort. Ils se sont levés et les chassent comme des
« loups dans les forêts où ces monstres sont habitués de se
« réfugier; chaque jour éclaire de nouvelles captures et on les
« conduit comme des troupeaux au lieu de leur supplice. De
« leur côté, nos défenseurs en font bonne justice.

« Un courrier extraordinaire nous a annoncé que l'on pou-

« vait porter à 30.000 le nombre de ces scélérats exterminés,
« et qu'ils étaient réduits à celui de 2.000 réfugiés dans un bois
« où ils ne pourraient exister longtemps.

   « Du côté d'Hagueneau, nos armes triomphent encore. Nos
« braves républicains courent, sur tous les points, de victoire
« en victoire ; nous nous flattons que nous n'aurons pas de
« paix à traiter avec le roi Georges. C'est avec une Convention
« d'Angleterre que celle de France terminera cette grande
« querelle de la Liberté contre le despotisme.

   « Salut,

Signé : « BORDAS. »

Paris, le 15 nivôse, l'an 2 de la République une et indivisible.

    « Citoyens,

   « Je calculais mes maux, je ne savais pas calculer mes res-
« sources.

   « Je croyais avoir perdu ce qui m'était le plus cher et vous
« me rappelez qu'il me reste encore votre estime et votre
« amitié. Vous venez de m'en donner un témoignage bien doux,
« il met à l'épreuve toute ma sensibilité, il me rappelle à des
« devoirs sacrés. Ma reconnaissance envers vous peut, elle
« seule, égaler le triomphe que vous remportez sur l'âme d'un
« père infortuné.

   « Je vois, avec un vif intérêt, citoyens, les moyens que vous

161

« prenez pour éclairer la raison du peuple, que les succès qui
« doivent en être inséparables seront glorieux, et pour vous et
« pour lui ; car celui qui travaille, qui prépare, qui fait le bien
« en retire le premier prix.

« La jouissance de celui qui la reçoit ne peut être considé-
« rée que comme secondaire.

« Ne vous lassez donc pas de propager l'esprit public, le
« triomphe de la liberté ne doit plus, aujourd'hui, sans doute,
« paraître douteux à ceux même qui invoquaient les reve-
« nants, et cependant combien d'intrigants ménagent encore
« des trames sourdes, des projets même capables de retarder
« le bonheur du peuple, si le peuple pouvait encore donner
« dans le piège ?

« Vous connaissez, Citoyens, le Gouvernement provisoire
« de la République, ce n'est que du moment que la Conven-
« tion s'en est occupée que datent le succès de nos âmes ;
« pénétrez-vous bien de la nécessité de son entière exécution,
« soyez-en les esclaves parce que c'est l'arme la plus puissante
« que nous ayons à opposer à tous nos ennemis, quelque part
« qu'ils se couchent.

« Citoyens, nos victoires se succèdent. On ne les compte
« plus que par le nombre des courriers qui arrivent de tous
« les points de la République.

« Nous voilà à Spire ! nous poursuivons les Prussiens dans
« le Palatinat, nos troupes sont sur la route de Mayence. Les
« Prussiens et les Autrichiens se sabrent, le peuple Anglais
« voit la Liberté toute entière ; déjà il est en mouvement. Le

« ciel renvoit sur nos côtes, dans nos ports, des bâtiments
« chargés de grains. Vive ! Vive à jamais la République !

Signé : « BORDAS.

« P.-S. — Avertissez, Citoyens, tous les titulaires d'Offices
« de votre district qu'ils ont, pour tout délai, que jusqu'au
« mois de février (vieux style) pour faire remettre tous leurs
« titres originaux au bureau général de la Liquidation et que,
« ce délai passé sans avoir fait la remise entière, ils seront
« déchus de tout remboursement. »

Paris, le 1ᵉʳ ventôse an 2 de la République une et indivisible.

« Citoyens,

« Vous craignez la famine, c'est encore un tour de la mal-
« veillance. Elle pousse des cris de douleur, pour exciter au
« désespoir. Tous les genres de perfidie auxquels elle pourrait
« se livrer seront vains, toutes ses machinations seront
« déjouées et le dernier résultat pour elle sera d'avoir creusé,
« d'avoir accéléré son abîme et sa chute.

« Vous craignez la famine. Ah ! citoyens, outre que la
« France possède son nécessaire pour attendre la récolte, le
« Gouvernement provisoire ne néglige aucun des moyens qui
« lui sont ouverts pour procurer à la Nation un superflu qui
« annonce partout l'abondance.

« Vous avez partagé avec vos voisins vos minces ressour-
« ces. Ah ! si tous les Français se dirigeaient par le même sen-

163

« timent, si, comme vous, les hommes ne voyaient partout
« que des frères, les plaintes n'auraient pas éclaté, ces plain-
« tes eussent même paru un crime.

« Vous craignez la famine ! Vous n'avez plus de grain !
« vous êtes réduits à la taxe du poids quant au pain que vous
« avez arraché des entrailles de la terre ! Citoyens, ce tableau
« m'afflige.

« Je connaissais, à l'avance, votre situation, je ne la croyais
« pas cependant aussi extrême.

« Elle est plus qu'intéressante, il faut agir et j'agirai,
« j'espère, avec succès.

« J'attends une réponse du Ministre de la Guerre pour les
« grains que vous avez sous la main, j'attends la réponse de
« la Commission de subsistances que je persécute et je ne vous
« les ferai pas attendre, aussitôt qu'elles me seront par-
« venues.

« Amis ! comptez sur mon zèle, servir mon pays est mon
« unique ambition.

« Queyroy est sur le point de se rendre au pays il vous por-
« tera des nouvelles fraîches, il vous parlera du degré de
« patriotisme qui enflamme ici toutes les âmes.

« Electrisez les plus froides, le peuple français doit déployer
« toute son énergie au moment où il va rentrer en campagne,
« où il va porter le dernier coup aux despotes couronnés, aux
« despotes coalisés.

« Encore la Vendée ! Citoyens, tout le prouve, il faut un
« combat à mort, oui, il faut détruire jusqu'au germe de l'aris-
« tocratie, du royalisme et de l'égoïsme.

« Les armées républicaines poursuivent partout les bri-
« gands. Nous sommes sur les troupes de l'infâme Charette
« et de son armée plus infâme encore.

« Les dernières nouvelles annoncent nos nouveaux succès.
« De l'énergie donc, mes amis, de l'énergie et, surtout de la
« surveillance.

Signé : « BORDAS. »

Paris, le 19 ventôse de l'an 2 de la République une et indivisible.

« J'ai reçu, Citoyens, votre adresse à la Commission des
« subsistances, les besoins que vous y exprimez émeuvent le
« sentiment. Vous demandez du pain ?

« Ah ! sans doute, la Nation vous en doit ; elle est juste,
« elle ne saurait vous en refuser, et vous en obtiendrez bien-
« tôt si ce succès dépend du zèle que je mettrai à vous en pro-
« curer.

« Cet objet nous occupe sérieusement, l'approvisionnement
« de nos armées, celui de la République entière, se complé-
« tera, citoyens, malgré la perfidie, malgré les complots des
« monstres qui, ne pouvant nous vaincre voudraient nous
« affamer.

« Plusieurs vaisseaux, richements chargés en grains, sont
« arrivés au port ; ces cargaisons vont être largement distri-
« buées dans l'intérieur... tous les despotes sont coalisés con-

165

« tre nous. Eh bien ! les éléments se coalisent à leur tour pour
« servir la Liberté.

« Avant-hier, citoyens, nous frappions au cœur nos
« ennemis de l'intérieur qui sont en détention. On va s'occu-
« per d'épurer les détenus. La loi ne frappera que les cou-
« pables.

« Leurs actions, leur conduite, tout, jusqu'à la nature les
« indique, il nous faut venger les outrages faits à la Liberté,
« il nous faut cimenter son triomphe.

« N'oublions pas l'engagement que nous en avons tous
« pris, souvenons-nous qu'au lieu de se déchirer les patriotes
« doivent se serrer et se tenir plus unis que jamais et que leur
« haine et leur colère ne doivent prendre de force et se déployer
« que contre les ennemis du peuple.

« Citoyens, c'est à vous d'éclairer ce bon peuple. Présen-
« tez-lui sans cesse ses droits il a su les reconquérir et il
« saura les défendre et les conserver.

Signé : « BORDAS. »

Paris, le 20 ventôse, l'an II de la République une et indivisible.

« Citoyens,

« L'homme est né pour la liberté, la proclamer, en faire
« sentir le prix, l'établir, la propager, la défendre, voilà le
« premier des devoirs de l'homme.

« Je n'en ai pas connu de plus impérieux, il n'en existe
« pas de plus doux, je m'y livrerai tout entier, toutes les fois
« que les affaires publiques me permettront d'entrer avec vous
« dans quelques détails.

« Vous le désirez et, plus que vous, Citoyens, je souffre
« quand je suis forcé de laisser passer quelques courriers
« sans correspondre avec mes concitoyens, mes frères, mes
« amis.

« Vous avez troublé ma résolution, citoyens, en me par-
« lant du dépôt que j'ai en mains pour nos malheureux frères
« d'armes tombés au pouvoir de nos ennemis.

« Mon dernier parti était pris et je devais en charger
« LAVAREILLE, pour, par ce moyen, de quelqu'un de nos géné-
« raux de l'armée du Nord, leur faire parvenir un secours éga-
« lement honorable et pour ceux qui les offrent et pour ceux
« à qui ils sont si légitimement dûs.

« Et, moi aussi, je voulais y ajouter mon petit contin-
« gent, mais malgré la liberté que vous me laissez de faire
« quelques nouvelles tentatives, les bureaux du Ministère de
« la guerre se trouvent dans le même embarras.

« Je ne sais plus si je dois en charger LAMOTHE pour vous
« rendre ce dépôt ou si je dois suivre mon premier penchant :
« en charger LAVAREILLE.

« Votre réponse me sera peut-être parvenue avant le départ
« de l'un et de l'autre. Vous me ferez plaisir de me faire con-
« naître vos vœux car je les remplirai exactement s'ils
« m'arrivent assez tôt, et j'aurai des regrets si mon parti pris
« se trouve contraire au vôtre.

167

« Vous me demandez, Citoyens, les nouvelles du jour ?
« Elles sont telles qu'elles doivent exciter votre surveillance
« et votre activité.

« Plus que jamais les ennemis de la liberté s'agitent, plus
« que jamais vous sentirez, comme la Convention, la néces-
« sité de les écraser jusqu'au dernier.

« La vertu est l'âme d'une république et la vertu qui est en
« surveillance a découvert de nouvelles trames, de nouveaux
« complots.

« Tous les coups de l'extrême scélératesse étaient montés,
« dirigés contre la représentation nationale et prêts de fondre
« sur elle. Ils sont connus et, pour cette fois encore, ils seront
« déjoués.

« Nous en avons vu l'éclair, nous avons écarté la foudre,
« que tous les français s'accordent à conjurer cet orage.

« Il suffit du courage et de l'énergie, mettons-y la surveil-
« lance et la sévérité et tous les intrigants, tous les traitres
« seront confondus.

« Citoyens, votre plus précieuse occupation sera toujours
« d'éclairer le peuple, de le prévenir des efforts de ses enne-
« mis et de lui faire bien sentir sa dignité et ses droits.

Signé : « BORDAS. »


« Je ferai le premier Germinal, le premier rapport sur la
« liquidation des notaires ; ceux de notre commune y seront
« compris. »

Paris, le 28 Ventose, l'an II de la République une et indivisible.

« Citoyens,

« Deux fois, aujourd'hui, j'ai visité le Comité des sub-
« sistances, j'ai aussi visité le Comité de Salut Public pour
« accélérer l'approvisionnement de notre malheureux pays.

« La Commission m'a promis de travailler, de discuter
« après-demain le rapport sur les besoins de notre Départe-
« ment et surtout des districts qui, n'ayant rien obtenu, ont
« attendu le dernier instant pour réclamer des secours.

« Après-demain, et chaque jour, j'exposerai, je les ferai
« même sentir si l'expression du sentiment et de la vérité
« suffit, et elle suffira, Citoyens, mon zèle de la Justice Natio·
« nale vous en est une garantie.

« Les complots contre la Liberté se heurtaient, Citoyens,
« des scélérats, sous le masque du patriotisme, avait usurpé
« l'opinion publique. Elle était, dans leurs mains, une arme
« pour égorger vos représentants et vous ramener à l'escla-
« vage.

« Quelques jours de plus, et il n'existait ni représentation
« nationale, ni liberté. Le génie bienfaisant a déchiré le voile
« dont les monstres se couvraient. Ils ont été connus, arrêtés,
« et leur procès ne sera pas long : ils voulaient insurger le
« peuple de Paris.

« Eh ! bien ce bon peuple s'est élevé pour demander leurs

« têtes criminelles, pour se rallier à la Convention, pour venir
« jurer à nouveau la fidélité aux principes de la liberté, pour
« reconnaître le vrai et l'unique centre des autorités, et il se
« lèvera encore pour conduire à l'échafaud ces criminels de
« lève-liberté !

   « Le nom de chacun des conspirateurs salirait ma plume.
« Citoyens, les écrits publics vous les ont déjà indiqués et, à
« leur appel sans doute, vos cœurs ont frémi d'horreur. C'est
« l'unique sentiment qu'inspire le crime. La Convention, dans
« cette dernière crise, s'est montrée plus grande qu'elle ne le
« fut jamais. Elle a vu ces dangers sans les craindre. Elle a
« tout bravé, elle a vaincu ses ennemis et les vôtres, sa victoire
« est celle de la Liberté.

   « Amis, de l'énergie. Je vous envoie un discours de St-Just
« qui est bien propre à accroître celle des vrais Républicains.

Signé : « BORDAS. »


Paris, le 5 mars 1793 l'an II de la République Française.

   « Citoyens,

   « Les sections de Paris recrutent à la hâte, l'ardeur et
« l'amour de la gloire y attirent tout ceux qui sont en état de
« porter les armes.
   « Nos départements, nos districts ne l'ont, de ces deux
« côtés, jamais cédé à Paris.
   « Quel succès nous devons attendre dans cette nouvelle

170

« campagne où de vrais républicains n'auront à combattre que
« des soldats esclaves, des soldats vendus au despotisme !
« Quels succès nous sont assurés quand, déjà, lorsque DUMOU-
« RIEZ leur a dit qu'il était possible que le stathouder les fit
« inonder, nos soldats lui ont unanimement répondu : Eh !
« bien, Général, combattant pour la liberté, nous boirons, s'il
« le faut, la mer, mais rien ne nous arrêtera. Quels succès
« nous devons attendre quand, pour favoriser la ligne des
« tyrans, quand pour défendre sa cause, le roi d'Espagne se
« réduit à recruter les enfants et les disciples de ST FRANÇOIS.

« Citoyens, voulez-vous connaître les prodiges de la liberté :
« Rappelez-vous que la ville de Breda soutint, dans le siècle
« dernier, un siège de dix mois devant SPINOLA et son armée
« et que les soldats de la République l'ont prise en deux jours.

« Le stathouder, sa femme et la cour sont en fuite depuis
« plusieurs jours ; nos ci-devant princes se sont réfugiés en
« Suède.

« Le bulletin vous instruira des autres nouvelles mais, ce
« que je ne dois pas vous dissimuler, Citoyens, c'est ma sur-
« prise de trouver dans l'état qu'a fourni ROLAND de la valeur
« des biens des émigrés, que ceux de notre District ont été
« portés à 74 millions 714 ; il est impossible, sans doute, que
« nos administrateurs aient adopté une estimation aussi
« absurde et qu'ils l'aient consacrée en la sacrifiant au pouvoir
« exécutif car j'ose croire que la surface entière du territoire
« de notre District n'équivaut pas à cette valeur.

« Et cependant ce serait ainsi, et par une erreur funeste,
« que le plus petit, le plus pauvre district devrait, dès ce

« moment, être regardé comme le plus vaste, comme le plus
« riche.

« Ce serait ainsi, en un mot, que par une erreur funeste on
« attirerait sur notre district de nouvelles charges qu'il ne lui
« serait plus possible de supporter.

« Citoyens, je vous envoie cet état et réfléchissez sur mes
« observations. Je crois, d'avance, que ROLAND s'est trompé et
« il est bon de connaître la source d'où part cette erreur.

Signé : « BORDAS ».


Paris le 1ᵉʳ Germinal l'an II de la République une et indivisible.

« Citoyens,

« Les conspirations qui ont été découvertes ces derniers
« jours n'étaient pas les seules que la scélératesse avait our-
« dies. Le Comité de Salut Public a promis à la Nation de lui
« en faire connaître de nouvelles demain ou après-demain.

« Les chefs des premières sont entrés aujourd'hui en juge-
« ment ; ils sont tous, dans ce moment sur les fourneaux ;
« ils passent dans le creuset du Tribunal Révolutionnaire.

« Les chefs des dernières n'échapperont pas non plus car la
« victoire doit rester à la Liberté.

« Soyez fermes à vos postes et travaillons de manière que
« la cause commune triomphe ; la mort ou la liberté, voilà nos
« cris.

« Les adresses de félicitations à la Convention sur sa sur-

« veillance et son énergie arrivent de toutes parts. Les adres-
« ses pour réclamer la tête de tous les conspirateurs se succè-
« dent.

« Vous ne serez pas les derniers, sans doute, à exprimer
« vos vœux ; je vous y invite, je les connais. La Convention,
« la Nation entière doit les connaître.

« A l'égard de la dernière pétition concernant l'émigré
« Verynas que vous m'avez adressée, je l'ai lue moi-même à
« son Tribunal.

« Elle a donnée lieu à une discussion qui a fait adopter
« l'ordre du jour sur votre demande et sur ma motion particu-
« lière.

« Toutes pièces ont été renvoyées à la commune de Lille. Ce
« procès ne sera pas long.

Signé : « BORDAS. »

Paris le sextidi Germinal l'an II de la République une et indivisible.

« Citoyens,

« Les têtes de 18 grands conspirateurs tombèrent avant-hier.

« Autant ils avaient mis d'adresse à capter l'opinion publi-
« que, autant elle fut pendant quelques années prononcée en
« leur faveur, autant aujourd'hui le peuple de Paris, ce peuple
« né pour fonder la liberté la défendra, et pour nous en assu-
« rer la jouissance a montré de justice et d'indignation contre
« ces lâches conspirateurs.

173

« Cette immense population, que les traitres s'étaient pro-
« mis d'égarer, s'est levée toute entière pour applaudir la ven-
« geance nationale, la joie générale a ajouté à la honte du
« crime et au désespoir des coupables.

« Qu'ils tremblent, ceux qui ont partagé leurs projets liber-
« ticides ! qu'ils tremblent ceux qui seraient tentés de les imi-
« ter ! La vertu, seule, doit triompher, puisque c'est par la
« vertu seule que la liberté peut être stable.

« Citoyens, au moment où les Commissaires du District
« sont arrivés, j'avais déjà obtenu les secours que le besoin
« réclamait : 800 quintaux de grains sont à la disposition du
« District.

« C'est la Charente qui doit les fournir sauf à les reprendre
« sur les Deux-Sèvres. J'aime à vous donner cette nouvelle.
« Puisse-t-elle vous être une preuve de mon zèle et de mon
« attachement comme elle l'est de la Justice de la Convention.

Signé : « BORDAS ».


Paris le 18 floréal, an II de la République une et indivisible.

« Pardoux BORDAS, représentant du Peúple à la
« Société Populaire d'Yrieix.


« Citoyens,

« L'homme qui connait et aime ses devoirs, rarement s'en
« écarte. Celui qui les remplit en trouve le prix et la récompense
« dans son propre cœur.

« Vous avez senti des besoins, ils diminuent aujourd'hui :
« il vous arrive des subsistances.

« Citoyens, je me suis rendu commune votre première
« position, je partage aujourd'hui votre allègresse.

« Vous et moi rapporterons à la Convention elle-même, à sa
« surveillance, à sa sollicitude les prompts secours que vous
« avez reçus. Le bonheur du peuple français, voilà son ambi-
« tion ; il sera son ouvrage. Heureux qui se devra le témoignage
« d'y avoir concouru.

« Vous me remerciez, Citoyens, de l'accueil que j'ai fait
« à vos commissaires ; je vous remercie, moi, de l'occasion
« que vous m'avez fournie et toujours je vous saurai gré de me
« mettre à portée de vous montrer à nu et mon cœur et mon
« âme inséparables de mes concitoyens.

« Hier fut un beau jour pour la Convention ; il deviendra
« une jouissance aussi pour tout le peuple français.

« Nous célébrâmes les victoires de nos armées du Midi. Le
« roi des Marmottes est à l'agonie.

« Vous trouverez dans *la Montagne* le détail de nos succès
« sur son territoire.

« Mais, ce que ce même journal ne dira que demain, je
« dois vous le dire aujourd'hui : le roi d'Espagne n'est pas
« mieux assis que l'autre. Les braves Carmagnols ont pris le
« camp du tyran catholique, ils ont pris toutes ses tentes, toutes
« ses provisions de bouche, toutes ses munitions, 200 pièces
« d'artillerie ; ils ont tué environ 4.000 de ses satellites, ils ont
« fait environ 2.000 prisonniers, 75 officiers, 4 colonels et
« 1 général.

« Le reste de l'armée, que nos soldats poursuivaient la
« baïonnette aux reins, s'est sauvé et s'est dispersé dans les
« montagnes.

« Jamais il n'exista une déroute aussi complète, une victoire
« plus honorable, jusqu'aux guenilles de ces diseurs d'orémus,
« rien n'a échappé.

« Nos généreux défenseurs sont à la poursuite de ces êtres
« esclaves et nous bombardons, en même temps, trois de leurs
« forts qui ne sauraient résister à l'ardeur et à la bravoure de
« l'armée républicaine.

Signé : « BORDAS ».

Paris, le 22 floréal l'an II de la République une et indivisible.


 « Citoyens,


 « La liberté a été, pendant la Révolution, scandaleusement
« outragée, les Républicains sauront venger la liberté de tous
« les attentats qu'elle a éprouvés.

« Son triomphe ne fut jamais douteux pour ses enfants,
« pour ses zélateurs, et il est aujourd'hui assuré aux **yeux**
« mêmes de ses ennemis.

« Chaque jour, ils expient leurs crimes et leurs forfaits.

« L'infâme Elisabeth, sœur du dernier tyran des Français,
« la famille de Brienne et autres, leurs complices au nombre

176

« de 25, firent, hier, leur révérence au pied de la statue qui
« représente la force, la dignité et la magnanimité de 25 mil-
« lions d'hommes. Citoyens, sans doute, les hypocrites et les
« faux dévots, sans doute aussi les calomniateurs de la Con-
« vention sur ses principes de morale sentiront le besoin de
« lui faire amende honorable.

« Lisez le rapport que je vous envoie, voyez y sa doctrine
« et sachez, enfin, reconnaître et apprécier la rage du fanatisme,
« le désespoir de nos ennemis communs.

Signé : « BORDAS ».


Le 16 messidor, l'an II de la République une et indivisible.

« Vive la République, mes bons amis.

« Du fauteuil du Président, que j'occupe en son absence,
« je vous annonce, avec la joie qui anime dans les grands suc-
« cès les âmes des vrais sans-culottes, les nouvelles intéres-
« santes qui nous arrivent.

« Tournay, Ostende et son fameux port sont à la Républi-
« que.

« Je ne puis, dans ce moment, vous fournir les détails de
« ces nouveaux triomphes.

« Salut, vive, vive, vive la République !

Signé : « BORDAS ».


177

Paris, le 18 messidor, l'an II.

« Citoyens,

« J'étais inquiet sur la route de nos jeune Républicains,
« les élèves du Champ de Mars.

« J'avais reçu quelques malles et je n'avais vu aucun d'eux.
« Je les attendais tous avec la même sollicitude, avec le même
« intérêt.

« Je leur préparais le même baiser, le baiser paternel, le
« baiser vraiment amical, heureux père ! Mon plaisir était de
« vous représenter en serrant vos enfants dans mes bras, en
« mêlant avec les leurs, en confondant avec les vôtres, mes
« larmes d'attendrissement, en partageant avec eux le morceau
« patriotique. J'ai été trompé dans mon attente.

« Le zèle, l'ardeur, l'amour de ses devoirs l'ont emporté
« sur l'attachement dû à leur compatriote. Cette brave jeunesse
« a vu mes croisées, a passé devant la porte de ma maison et
« n'a seulement pas songé à leur ami qui l'habitait.

« Une lettre m'apprit, hier, qu'ils étaient à leurs postes et
« m'invitait à les visiter, j'ai obéi. J'étais botté depuis ce matin ;
« j'ai refusé de monter le cheval que j'avais demandé et qui
« m'a été présenté ce matin à cinq heures, parce qu'il n'était
« pas en bon état. J'ai engagé BASTIDE et VERNON à faire, ce
« soir, cette partie de plaisir ; nous l'avons partagée et elle
« nous a été également agréable. Elle l'a été aussi à ces amis
« jeunes, mais ardents de leur liberté.

« Nous avons vu Catolle, dans les rangs, occupé à faire
« l'exercice. Nous avons obtenu de l'instituteur et de ses cama-
« rades de l'en sortir. Il nous a conduit au poste de Bonnet
« qui gardait une des entrées du camp, il a parcouru avec nous
« les tentes sous lesquelles logent nos voisins; nous y avons
« réncontré Gizardin, de Nexon. Les deux autres étaient allés,
« avec leur instituteur, prendre un bain salutaire.

« Nous avons visité, en même temps, tous les jeunes gens
« du Département qui se sont trouvés au camp ; ils n'en sorti-
« ront jamais, ni individuellement ni en masse, qu'en compa-
« gnie d'un ou de plusieurs instituteurs.

« J'ai offert à tous ceux du Département de les régaler le
« matin qu'ils se présenteraient à la Convention. Je les récla-
« merai même de leurs supérieurs et je m'engagerai à les
« rétablir dans leurs mains. Le jour ou je les obtiendrai en
« sera un bien beau pour moi et je les verrai deux fois par
« décade.

« Citoyens, vos enfants sont à l'école Nationale. C'est là
« qu'ils vont apprendre l'art d'être utiles à leur Patrie. La
« Patrie! Voilà leur mère, et cette mère n'aura jamais les
« entrailles d'une marâtre, vous lui avez offert des enfants,
« elle vous rendra de vrais hommes, de bons Républicains.
« Les principes que vous leur avez inspirés vont croitre avec
« eux. Dignes de vous dans leur bas âge, ils feront votre
« bonheur dans un âge plus avancé, ils le sentent déjà par
« celui dont ils jouissent, ils connaissent leur devoir et envers
« leur patrie, et envers vous. Les uns et les autres seront cul-
« tivés avec le même soin, avec le même zèle. Voilà leurs pro-

« messes, et ces promesses des jeunes républicains ne sont
« pas vaines.

« Citoyens, vos enfants sont heureux ; ils ont manifesté la
« joie la plus pure, la satisfaction la plus entière. Je voudrais
« pouvoir vous transmettre les sentiments de leurs âmes de
« feu. Je leur ai parlé le langage d'un bon voisin, d'un ami
« sincère, d'un père tendre. Leur réponse a toujours été celle-
« ci : jamais nous ne seront plus heureux, vive la Républi-
« que.

« Leurs vœux se réduisent à ceux de combattre pour la
« liberté et de prouver à la Patrie qu'ils sont dignes du nom de
« ses enfants.

« Les instituteurs de vos enfants, citoyens, sont dignes de
« votre confiance ; ils sont Français, ils sont pères, enfin ils
« sont républicains, c'est-à-dire vertueux.

« Vos enfants n'auront donc que de grands exemples à
« imiter ; à leur tour, ils deviendront des modèles dans la
« société..., je les ai quitté à neuf heures du soir. »

Du 19 :

« J'ai fait lecture, citoyens, du procès-verbal de votre
« séance où vous êtes venus au secours de l'indigence. La
« Convention a applaudi à l'adoption que vous avez faite.
« Vous avez obtenu la mention honorable et l'insertion au
« bulletin vous en convaincra par la lecture de cette dernière
« pièce. »

Du 20 :

« J'ai vu, et j'ai bu ce matin la goutte avec le républicain
« GOLIER, il continue sa route.

« Je voulais vous donner, citoyens, des nouvelles de nos
« armées, je les attends encore.

« Salut.

« BORDAS. »

30 messidor, l'an II.

« La joie, l'allégresse, les fêtes se succèdent ici comme les
« victoires dans nos armées. Nous avons célébré l'anniver-
« saire de la prise de la Bastille. Le peuple s'y montra ce qu'il
« est. Le détail de la fête est au-dessus de mes forces et, s'il
« est facile de le sentir, il est difficile de l'exprimer, mais il
« est impossible d'en effacer le souvenir dans une âme répu-
« caine.

« Le peuple est bon et trop confiant, il a voulu prolonger
« sa jouissance. Chaque section a tenu, au milieu de la rue,
« ses banquets fraternels, l'aristocratie, toujours voilée, y a
« trouvé place, de là le mal.

« La surveillance des Comités de Salut Public et de sûreté
« générale a tout découvert. Le mal a été arrêté dans sa
« source. Citoyens ! méfiez-vous de ces repas, les serpents y
« sont toujours à vos côtés ; au lieu de les nourrir, il faut les
« étouffer.

« Landrecies est rentrée au pouvoir des Républicains, sa

181

« garnison est prisonnière, le Français ne connaît plus de
« capitulation. Sa générosité : voilà celle que les esclaves
« doivent invoquer.

« Ainsi, les traitres et leurs trahisons ont leur terme ; nous
« serons toujours vainqueurs lorsque nous ne serons pas
« lâchement et indignement vendus et livrés ; nous serons
« heureux quand tous les traitres auront disparu.

« Du côté du Rhin, nous venons encore de battre ces
« hordes de fugitifs. De victoire en victoire, voilà la marche
« des hommes libres.

« Encore quelques jours et la raison éclairera tous les
« peuples. Encore quelques jours et la dernière victoire sera
« à nous. Elle est due au peuple français.

« Vive la République !

« Vous trouverez, dans le *Moniteur,* une motion d'ordre
« que j'ai faite parce que je l'ai crue intéressante et utile à
« mon pays pour le bonheur duquel je serai toujours prêt à
« ouvrir mes veines.

« Salut.

« BORDAS. »

Onze fructidor, l'an II.

« Citoyens et amis,

« C'est du sein des conspirations que sortent nos victoires
« les plus brillantes et les plus dignes de faire époque dans
« l'histoire de notre Révolution.

182

« C'est au milieu de nos triomphes que nos ennemis de
« l'intérieur aiguisent leurs poignards à mille tranchants pour
« assassiner la Liberté.

« Ils ne leur restent plus qu'un moyen unique pour remplir
« leurs desseins perfides ; c'est de détruire la Convention ou
« par le fait, ou en lui ravissant l'opinion qui fait sa force,
« et ce moyen est, dans ce moment, mis à l'ordre du jour.
« Ces nouvelles intrigues, ces nouvelles conspirations pas-
« seront par la fenêtre, et la Liberté triomphera. Nos
« ennemis de tous les peuples, de toutes les couleurs seront
« confondus et détruits.

« Citoyens, vos armées ne sont plus composées que de
« républicains. La victoire dirigeait autrefois les soldats
« Français, aujourd'hui, ce sont les soldats Français qui
« dirigent la victoire. Ils viennent de prendre, en 22 jours, un
« fort : celui de l'Ecluse qui, avec sa garnison et ses approvi-
« sionnements, devait soutenir un siège au moins de quatre
« mois.

« L'Ecluse était, par sa seule situation, imprenable. C'est
« une presqu'île entre deux bras de mer. C'est une des pre-
« mières places fortes de la Hollande, et le fort de l'Ecluse,
« défendu par une artillerie incroyable, a été enlevé à la
« baïonnette.

« L'aspect de la baïonnette française semble faire rétro-
« grader sur les points d'où ils sont partis les boulets qu'expé-
« dient les esclaves.

« L'Ecluse est à nous, vive la République.

« Mais la prise du fort l'Ecluse n'est rien, pour le

« moment. Le télégraphe, qui est un moyen de correspondre
« en quelques minutes avec tous les points de la République,
« le télégraphe nous avait annoncé, le matin, la reprise de
« Valenciennes et, pendant la séance, nous avons reçu le cour-
« rier qui a confirmé cette nouvelle. Valencienne est à nous,
« nous y avons trouvé 227 pièces de canons, 800 milliers de
« poudre, une quantité énorme de provisions, de fusils, etc.,
« plus de 1.100 émigrés.

« Nous n'avons pas encore tous les détails dont je vous
« aurais rendu compte mais c'en est assez pour crier sans
« cesse : Vive la République !

« Citoyens, la marche de nos armées nous trace notre con-
« duite. Elles combattent nos ennemis extérieurs, ne soyons
« pas au-dessous de leurs victoires vis-à-vis de nos ennemis
« intérieurs.

« C'est à nous, ou plutôt à la loi de les faire disparaître.
« Mais comme ils se démènent ! quels ressorts ils font agir
« pour nous reconduire à l'esclavage.

« Ici, c'est la calomnie qui est l'arme de nos ennemis, car
« ils attaquent ouvertement les travaux de la Convention et
« toujours visent au même but, à sa dissolution ; les uns la
« cherchent partiellement, les autres voudraient exciter des
« mouvements généraux.

« Lisez les bons papiers et vous verrez des détails aux-
« quels je ne puis me livrer.

« La section du Muséum vient de se faire remarquer par
« un arrêté infâme ; heureusement, la masse du peuple pari-
« sien est bonne, est juste et la presque totalité des sections a

« improuvé la conduite contre-révolutionnaire de la pre-
« mière.

« La Convention est et sera toujours à la hauteur qui lui
« convient. Elle ne souffrira jamais qu'aucune autorité riva-
« lise avec elle, et encore moins que les droits du peuple
« soient profanés et la liberté compromise.

Signé : « BORDAS. »

« 24 fructidor (?) en séance, neuf heures du matin.

« Citoyens,

« Aux grands événements succèdent les grands événe-
« ments. L'allégresse fait place pendant quelques instants, à
« la sensibilité, à la douleur.

« Hier matin, à 6 heures, Condé fut restitué à la Républi-
« que. A midi, nous en eûmes la nouvelle par le moyen du
« télégraphe. Ainsi, le territoire français est libre et il n'est
« plus souillé par les hordes esclaves des rois coalisés.

« Le changement, par décret, du nom de Condé en Nord
« libre, le tribut payé à l'armée des Républicains et la réponse,
« furent expédiés et nous parvinrent, en sept quarts d'heure,
« par le même moyen du télégraphe : voilà la preuve de l'in-
« dustrie des Français.

« Une séance de douze heures sans désemparer eut lieu
« hier. La batterie des aristocrates était montée, la dissolution
« de la Convention était leur objet, tous leurs soins se portent
« à la diffamer.

185

« Un homme, digne de BICÊTRE, a été leur organe, la Con-
« vention a déjoué tous les projets sinistres de ces êtres infer-
« naux. Le procès verbal de la séance, que vous recevrez
« après la distribution, vous instruira des détails.

« Ce matin, j'étais occupé dans mon cabinet à 7 heures ;
« une explosion, successivement et rapidement répété pen-
« dant quatre à cinq fois, a ébranlé les maisons, rasé les vitres,
« démonté, entre autres, la porte de mon cabinet.

« Au même instant, une fumée épaisse a annoncé un grand
« danger.

« Tout Paris a été sur pied car les Parisiens ne connais-
« sent de dangers que pour la Liberté.

« La Convention y a trouvé le signal de sa réunion car la
« Convention sera toujours, aussi, l'avant-garde lorsque le
« danger se montrera.

« Cette explosion est partie des ateliers de l'un des maga-
« sins à poudre. Heureusement, le grand magasin a échappé
« aux flammes car Paris aurait été englouti. Heureusement,
« tous les ouvriers n'étaient pas encore à leurs postes et,
« quoique le mal ne soit pas entièrement connu, nous espérons
« qu'il sera moindre que celui que nous avons craint, que
« celui que nous avons couru.

« Citoyens, est-ce l'imprudence, est-ce la malveillance qui
« est venue nous affliger au milieu de nos victoires sur nos
« ennemis extérieurs, sur nos ennemis intérieurs ? Soyons
« calmes, attendons la voix de la surveillance et de la vérité.

Signé : « BORDAS. »

25 fructidor, l'an II.

« Citoyens,

« Semblables à ces loups du Nord qui suivent les armées
« pour en dévorer les cadavres, et qui ne veulent plus vivre
« que de chair humaine quand ils l'ont une fois goûtée, les
« aristocrates ne cesseront de conspirer contre la Liberté que
« quand ils n'existeront plus.

« Chaque coup de leurs dents mord les patriotes, ils n'ont
« de faim que pour les dévorer, parce que les passions les
« gouvernent.

« Ils voudraient encore nous gouverner par leurs passions,
« ils se sont rendue commune la justice à rendre aux patriotes ;
« la clémence exercée envers quelques-uns d'entre eux leur
« a paru une amnistie générale ; ils ont aussitôt montré des
« têtes altières, orgueilleuses, imprudentes, ils se sont glissés,
« couverts de haillons, dans les groupes ; ils ont repris ce
« langage perfide qui nous égorge et nous assassine.

« Feront-ils donc rétrograder ? Arrêteront-ils même notre
« marche révolutionnaire ? Non !

« La France reprendra l'attitude du lion qui verrait, à son
« réveil, tous les habitants du bois réunis et soulevés contre
« lui. Qu'ils tremblent donc !

« Jamais ils ne sauraient échapper à leurs forfaits.

« Déjà, citoyens, de nouvelles mesures sont prises pour
« réprimer de nouveaux attentats.

« La Nation trouvera de nouveaux surveillants, de nou-
« veaux vengeurs dans ses nouveaux Comités révolution-
« naires, les commissaires pour les former sont nommés, déjà
« ils sont partis.

« Vous accueillerez, si vous ne l'avez fait, mon collègue
« Chauvin, député des Deux-Sèvres, il joint aux connaissances
« le plus pur républicanisme, il connaît les hommes, il aime
« la justice et, par-dessus tout, sa Patrie.

« Il recevra de vous les renseignements que je lui avais
« promis et que je lui avais même préparés. Vous les lui
« fournirez avec cette exactitude digne des vrais républi-
« cains.

« La passion est le guide des âmes faibles, aucune passion,
« pas même celle de la haine, de l'amitié ou de l'intérêt,
« n'empoisonnera votre conduite auprès de lui.

« Citoyens amis, ayons toujours présent le mot sacré :
« Patrie. Tout ce qui lui est étranger nous l'est aussi. Sou-
« venez-vous toujours que c'est par elle et pour elle que nous
« vivons.

Signé : « BORDAS. »

188

## Rôle exact de Pardoux BORDAS
## dans le Procès de Louis XVI

Qu'y a-t-il, au juste, de vrai dans l'affirmation, réitérée à maintes reprises, du désir de BORDAS de voir appliquer à LOUIS XVI une pénalité autre que la peine de mort ?

En quels termes a-t-il toujours exprimé ses regrets de n'avoir pas été mis dans le cas de voter une commutation de peine ?

De toutes façons, n'est-ce pas certain qu'il ne fût pas régicide ?

Le résultat de nos recherches fixe, à notre avis, de manière précise et désormais indiscutable, l'opinion que l'on doit avoir de BORDAS sur ces différents points.

Du reste, il y répondait lui-même, très complètement et très véridiquement, au cours du long rapport suivant, qu'il présentait, dès son retour d'exil, au Ministre des Finances, Président du Conseil des Ministres, pour réclamer le paiement de sa pension et des arrérages qui lui étaient dus depuis le 1er janvier 1816, date de la suppression de ses émoluments, ainsi que nous l'avons exposé, précédemment, dans la biographie de ce grand Conventionnel.

Ce document est de plus, en réalité, un véritable *curriculum vitæ* du notable révolutionnaire Arédien.

Il est bon de le reproduire en entier :

« Monsieur le Président des Ministres,

« Bordas Pardoux, avocat, électeur, habitant de la ville de
« St-Yrieix, a l'honneur d'exposer à votre Excellence que,
« dès avant la première révolution, il appartenait à l'ordre de
« la magistrature ; qu'il eut celui de présider les premières
« assemblées de son arrondissement et, dans l'une d'elle,
« d'être élu Président du Tribunal de Saint-Yreix.

« Qu'à l'Assemblée des électeurs du Département, pour
« l'élection des membres appelés à siéger à la première légis-
« lature, il fut nommé Député à cette Chambre.

« Qu'à la fin de la session, il fut encore élu, par le Collège
« de son Département, Député de la Convention Nationale.

« Qu'à la fin des travaux de la Convention, il fut élu,
« par le même collège électoral, Député au Conseil des Cinq-
« Cents.

« Enfin, qu'en sortant du Conseil des Cinq-Cents il fut
« nommé, par le même Collège de son département, député au
« Conseil des Anciens.

« Et qu'il a été, dans ces différentes Chambres, ou Secré-
« taire ou Président.

« A la fin de ses travaux législatifs, le suppliant fut nommé
« par l'Empereur l'un des Commissaires qu'il chargea de la
« radiation des émigrés portés sur les listes générales. L'opé-

« ration des Commissaires à peine terminée, l'Empereur
« nomma un Conseil de Révision composé uniquement de
« 3 membres et le suppliant fut un des élus de ce Conseil
« qui remplit sa tâche et remis entre les mains du gouverne-
« ment ses travaux et les pièces qui lui avaient été confiés.

« Le suppliant fut immédiatement nommé Chef de la divi-
« sion du personnel au Ministère de la Justice, fonction qu'il
« a honorablement remplie sous les Ministres ABRIAL et
« REGNIER.

« En 1811, se trouvant fatigué de ses longs et pénibles tra-
« vaux (il avait rempli des fonctions publiques pendant 35 ans
« sans interruption), le suppliant demanda et obtint de Mon-
« sieur le Ministre de la Justice REGNIER sa retraite avec la
« pension que la loi lui attribuait, d'après ses services et son
« traitement.

« Il en produisit toutes les pièces justificatives qui furent
« envoyées, par le Ministre lui-même, à Monsieur le Conseiller
« d'Etat et Commissaire liquidateur de FERMON et, par décret
« du 22 juin 1811, la pension du suppliant fut légalement
« réglée et fixée à la somme de 4.666 francs 66 centimes qui
« lui fut régulièrement payée jusqu'au 1er janvier 1816.

« Depuis cette époque, il n'y eut plus rien de sacré ; tout
« sentiment de justice fut inconnu, les promesses les plus
« inviolables, les devoirs les plus saints furent oubliés et vio-
« lés ; l'arbitraire prit la place de la loi.

« Le 12 janvier 1816, fut émise la fameuse et ironique loi
« d'amnistie qui, contre le vœu de l'article 2 de la Charte
« elle-même porte que : « *les régicides* qui, au mépris d'une

« clémence presque sans bornes, ont voté l'acte additionnel ou
« accepté des fonctions ou emplois de l'Usurpateur et qui, par
« là, se sont déclarés ennemis irréconciliables de la France et
« du Gouvernement légitime, sont exclus à perpétuité du
« royaume et sont tenus d'en sortir dans le délai d'un mois,
« sous la peine portée à l'article 33 du Code pénal. Ils ne pour-
« ront jouir d'aucun droit civil ni posséder aucun bien ni pen-
« sion à eux concédés à titre gratuit. »

« Cette loi fut, dans les mains du Gouvernement d'alors,
« une arme à plusieurs tranchants dont il abusa contre quel-
« ques-uns de ceux qui n'avaient pas voté contre la mort de
« Louis XVI et qui, même, *avaient exposé leur vie pour le*
« *sauver*.

« L'honorable Préfet de la Haute-Vienne en exercice à
« cette époque reçut l'ordre de me faire sortir du territoire ; il
« connaissait et la conduite que j'avais tenue et les efforts que
« j'avais faits au péril de ma vie, pendant l'instruction, pour
« sauver l'Auguste Accusé, et les menaces qui m'avaient été
« adressées à ce sujet, et la proposition, faite en pleine séance,
« de me mettre hors la loi, à ce propos, et mon vote sur la
« peine à infliger.

« Il eut, au lieu de l'ordre qu'il était chargé de me donner,
« le courage d'écrire au Sous-Préfet de Saint-Yrieix, chargé
« de me communiquer la lettre, et de l'inviter à m'appeler
« près de lui. Il me demanda si je me croyais, ou non, frappé
« par la loi et à prendre ma réponse par écrit.

« Elle fut telle qu'elle devait l'être, car j'avais défendu la
« vie du Roi. J'avais bravé tous dangers pour augmenter le

« nombre de votes en sa faveur et j'avais voté pour la simple
« détention.

« Incapable, j'ose le croire, de participer à un acte arbi-
« traire, Monsieur le Préfet fit immédiatement sa démission,
« partit de Limoges laissant son Administration entre les
« mains d'un Conseiller et de vifs regrets dans les cœurs de
« tous ses administrés.

« L'Administrateur par intérim, plus docile que l'ex-Préfet,
« expédia au suppliant un passeport pour la Suisse, sans cause
« ni motif dans le corps de l'acte mais, par apostille, avec ces
« mots « en vertu de la loi du 12 janvier ».

« Arrivé à Genève avec un vrai régicide qui eut bientôt la
« permission de rentrer en France, nous nous présentâmes chez
« Monsieur Sarazin, Syndic de la ville, et ce Magistrat qui
« avait reçu la liste des régicides me dit, après lecture de mon
« passeport : « mais, vous n'êtes pas sur la liste des régi-
« cides ». Je le crois bien, répondis-je, mais j'obéis à mon
« Gouvernement.

« J'ai habité près de 15 ans sur le sol de la Suisse, et
« aucune autorité ne m'a considéré comme un régicide.

« Mes demandes renouvelées chaque année, celles de ma
« famille, ses voyages mêmes à Paris pour solliciter ma ren-
« trée, sont restés sans effet et sans réponse.

« L'arbitraire m'a exclu de ma Patrie et la Justice m'a
« retenu en Suisse, jusqu'aux trois immortelles journées de
« juillet où la vertu a eu sa récompense et le crime sa puni-
« tion.

« Je réponds à toutes les questions :

« Suis-je un régicide ? La loi du 12 janvier m'était-elle
« applicable ?

« Il est temps de produire les preuves de la négative. Elles
« sont si puissantes que le raisonnement ne pourrait que les
« affaiblir.

« Elles sont si respectables qu'elles seront toutes puisées
« dans l'ouvrage historique de Monsieur le Chevalier de Fou-
« laine, intitulé « Louis XVI et ses défenseurs », dont hom-
« mage fut fait, en 1818, à Louis XVIII et aux deux Chambres.

« 1° Nul homme suspect ou douteux sur ses principes et son
« vote n'aurait été admis dans la réunion que présidait Mon-
« sieur de Kersaint ; une seule indiscrétion en aurait perdu
« tous les membres.

« 2° Les délibérants étaient tellement décidés à sauver la
« vie de l'accusé que le Président, dans sa circulaire aux
« citoyens Manuel, de Paris, et Charles Villette, de l'Oise,
« disait : « si on vote la mort conditionnelle, ce vote sera injus-
« tement compté comme absolu.

« Je réponds des hommes dont je vous transmets la liste ».

« Et ces paroles sont consignées page 28 de l'ouvrage ci-
« dessus cité.

« 3° Voter la mise en liberté, serait notre devoir à tous, mais
« ce vote exaspèrerait les hommes de sang, il faut donc un
« moyen indirect et évasif qui sauve le roi, sans trop irriter
« ceux qui ont intérêt à sa perte (page 29 du même ouvrage).

« 4° La députation de la Haute-Vienne se composait de
« six députés. Un seul vota la mort (et c'était un prêtre).

« Voir la liste de tous les Sociétaires où on lit le nom de
« Bordas, page 31.

« Je réponds, disait Kersaint, sur ma tête, de la loyauté et
« du courage des hommes que je viens de citer et ils sauveront
« Louis, ils persisteront dans leur projet (page 33 *idem*).

« Qu'il était différent le langage de ceux qui voulaient la
« mort du roi ! Pour eux, il fallait mettre tous les tyrans hors
« d'état de nuire (page 21 de la 2ᵉ partie du même ouvrage).

« La République ne pouvait s'élever que sur les cadavres
« de tous les parents et valets du Veto (page 22...). On veut
« traiter comme une affaire d'état la disparition de tous les
« Capet, l'unique agent de cette opération doit être un phar-
« macien habile...

« La France est anéantie, si vous ne la débarrassez sur-le-
« champ du tyran, de l'Autrichienne, des deux enfants et
« de leur tante. S'ils sortent du territoire, ils y rentreront à la
« suite des brigands couronnés.

« Que la Justice Nationale se transporte au Temple et
« mette un terme aux inquiétudes des incorruptibles (page 24).

« La mort de Louis XVI était certaine, quel que fut le juge-
« ment attendu de la Convention.

« L'aveu de l'un des conjurés pour la mort, fait en ces ter-
« mes et en présence des députés Morisson, Villette et Ker-
« saint : « La France veut la mise en liberté de Louis et elle
« serait prononcée si nous ne redoutions pas la vengeance,
« car le plus fort doit se sauver », décèle tous les sinistres pro-
« jets de ce parti (page 31).

« Les Républicains disaient : les mêmes hommes ne con-

« naissent point les détours, il faut que tout Conventionnel
« puisse se dire : je serai pendu, si les Capets se relèvent
« (page 48).

 « Ne pouvant ni persuader, ni corrompre ceux de leurs col-
« lègues portés sur la liste de Monsieur DE KERSAINT, les hom-
« mes du parti contraire cherchèrent à les perdre aussi.

 « Il est, dirent-ils, dans la Convention, un parti salarié
« par le Tyran pour le sauver ; et ils proclament les noms
« les plus respectables portés sur la liste de Monsieur
« DE KERSAINT, comme vendus à la Cour (page 148).

 « Ils menacent de poignard, ils calomnient ceux qui ont
« une conscience et qui savent y obéir. Presque tous les dépu-
« tés signalés dans la circulaire du brave KERSAINT sont dési-
« gnés aux massacreurs (page 151).

 « PEYRE, des Basses-Alpes, proposa à la Convention la
« mise hors la loi de SESMONVILLE, tous les CRUSSOL, la Députa-
« tion de l'Indre, ROZET, ESTADIN, CHASTELIN, BORDAS et FIQUET.

 « L'Histoire dira (chaque page de son procès est de son
« domaine) que ne reléguait-on hors de la France l'Enragé
« qui, n'ayant pu corrompre BOUDIN, PORCHER, DERAZEY, etc...,
« leur fit un crime du courage qui leur valut les honneurs de
« la proscription et leur assure le privilège de servir de
« modèle aux hommes publics placés entre la mort et le
« devoir (page 161).

 « La minorité sent qu'elle peut succomber à l'épreuve des
« appels nominaux, elle intimide ceux sur lesquels elle a
« des doutes. Elle a demandé la mise hors la loi de : KERSAINT,
« ROZET, PORCHER, LACROIX, FAILLE, SANADON, RIVAUD, BECKER,

« Soulignac, Bordas et Vergnier, parce que ces législateurs
« désiraient que tout ministre d'un culte et quiconque aura
« fait pressentir son vote de rigueur soit récusé (page 217).

« Bordas *fut personnellement menacé du poignard*, s'il ne
« renonçait pas au projet de ramener la députation de la Dor-
« dogne au modérantisme de Meynard, et à la résolution de
« Bordas de soustraire Louis à la peine capitale (page 218).

« Enfin, le vote de Bordas sur la peine à infliger à l'accusé
« répondit et fut conforme à sa conduite durant l'instruction
« du procès :

« Il vota la détention.

« Rien, désormais, ne pourra être prouvé si les faits et les
« actes passés sous les yeux de nos contemporains, si
« les faits historiques, consignés dans l'ouvrage de Monsieur
« le Chevalier Foulaine intitulé « *Louis XVI et ses défenseurs* »,
« ne suffisent pas pour démontrer qu'au lieu d'avoir condamné
« l'accusé, Bordas épuisa tous les moyens, tous ses efforts,
« *jusqu'à compromettre même sa vie*, pour sauver celle de
« l'Accusé.

« En conséquence, la loi du 12 janvier 1816 n'a pu, sous
« aucun rapport, lui être applicable, puisqu'elle ne fut portée
« que contre les régicides.


« Conclusions :


« 1° Bordas n'a jamais rien demandé, rien reçu et il ne
« tient rien à titre gratuit ni du Gouvernement de l'Empire, ni
« de celui de la Restauration.

« 2° Une pension accordée sous l'Empire qui, comme celle
« de Bordas, a passé par le creuset de la liquidation générale,
« exclut toute idée d'un concession à titre gratuit.

« 3° La pension obtenu en 1811 par Bordas, à la fin de ses
« travaux au Ministère de la Justice en qualité de Chef de
« division, le fut en vertu de la loi relative à tous les fonction-
« naires publics et sur les pièces justificatives d'avoir exercé,
« pendant près de 35 ans, sans interruption, des fonctions
« publiques, soit dans la magistrature, soit dans l'administra-
« tion. Elle n'est donc pas une concession à titre gratuit.

« 4° Comme tous les autres fonctionnaires, Bordas avait,
« par la retenue de ses appointements, concouru à former la
« masse commune à tous les employés susceptibles d'être
« pensionnés. Sa pension n'offre donc pas une concession à
« titre gratuit.

« 5° L'article 7 de la loi du 12 janvier 1816, qui ne frappait
« qu'une classe de citoyens bien désignée et leur pensions à
« titre gratuit, ne pouvait et ne peut s'appliquer à Bordas qui,
« comme je viens de le démontrer, était non seulement hors
« mais en opposition à cette classe.

« D'après les considérations ci-dessus, et attendu que c'est
« par un coup d'Etat réprouvé par nos lois que Bordas a reçu
« l'ordre de s'expatrier et que le gouvernement de la Restau-
« ration lui a refusé le paiement de sa pension obtenue sous
« l'Empire...

« Que le même Gouvernement ne s'est appuyé sur la loi
« du 12 janvier 1816 que pour couvrir son injustice et son arbi-
« traire...

« Que cette pension et les arrérages qui en ont couru sont,
« pour le titulaire, une créance sacrée sur l'Etat et dont l'Etat
« ne peut le priver sans une loi ou sans un jugement qui l'en
« déclare indigne...

« Que le Gouvernement, sous le règne de Louis Philippe Ier
« et de sa dynastie, est et sera toujours l'appui et le protecteur
« de la liberté, de la justice, des droits et de la propriété des
« Français...

« Monsieur Bordas supplie votre Excellence d'ordonnancer
« le paiement de sa pension liquidée à 4.666 francs 66 centi-
« mes et des arrérages qui en ont couru depuis le premier
« janvier 1816, d'en faire expédier le mandat ou sur le Rece-
« veur particulier de St-Yrieix ou sur le Receveur général de
« Limoges, et de lui faire adresser ce mandat à St-Yrieix, lieu
« de son domicile.

« Vive le Roi Louis Philippe Ier.

« Daignez, Monsieur le Ministre des Finances et Président
« des Ministres, agréer mes hommages respectueux.

Signé : « BORDAS. »

Dans une autre réclamation, formulée peu de temps après,
toujours à Monsieur le Ministre des Finances, Bordas
s'exprime ainsi :

« Durant l'Assemblée législative et la Convention Natio-
« nale, je fus étranger et n'appartins à aucune de ces Sociétés

199

« populaires où s'élaboraient, à Paris, les actes d'accusation
« et de condamnation de Louis XVI.

« Au moment ou allait commencer l'instruction de son pro-
« cès, les KERSAINT, les DELMAS, les MOLLEVILLE, les GUELON-
« MARC, les MORISSON, les NICOLAÏ, les NARBONNE se déclarèrent
« les défenseurs de l'infortuné Monarque. Ils établirent des
« réunions secrètes où furent admis, d'abord, ceux des Conven-
« tionnels connus par la pureté de leurs principes, de leur
« patriotisme et par leur courage et, successivement, ceux de
« leurs collègues purent recruter les premiers admis, dont je
« faisais partie dans le Comité que présidait Monsieur KER-
« SAINT.

« Votre Excellence sentira que, du secret de ces réunions,
« dépendait, à cette époque, la tête de chaque sociétaire.

« En cherchant à sauver Louis XVI *au péril de ma vie,*
« j'imitai l'exemple de REGULUS qui courut au devant du sup-
« plice qui l'attendait à Carthage.

« L'Histoire, qui met les criminels au carcan de l'opinion
« publique, immortalisa REGULUS et l'histoire de notre époque,
« si elle est fidèle, dira de BORDAS « en récompense de son
« dévouement à Louis XVI, il fut, sous les règnes de
« Louis XVIII et de Charles X proscrit de sa patrie pendant
« 15 ans et, privé de sa pension, il fut obligé, à l'âge de 82 ans,
« de vendre sa propriété pour vivre sur le sol de la Suisse. »


Le Ministre de l'Intérieur consulté, demandant alors à
BORDAS d'établir spécialement un mémoire des faits incriminés

ayant motivé son exil, le Conventionnel Arédien déclare de la sorte, affirmant une fois de plus qu'il n'était pas régicide, que :

« C'est dans ce fameux mois de janvier 1816 où fut rendue
« la prétendue loi d'amnistie et de clémence que je ne quali-
« fierai pas.

« C'est ainsi qu'on proscrivit arbitrairement les coupables,
« s'il en existait, et les innocents, ceux même qui avaient
« exposé leurs jours pour sauver la vie de celui dont le Gou-
« vernement paraissait ne vouloir venger que la mort.

« Je me trouvais dans cette dernière classe, car, au lieu
« d'avoir voté la mort, je n'avais voté que là détention, et au
« lieu d'avoir concouru à la condamnation portée contre
« l'Accusé, j'ai été plutôt son défenseur durant l'instruction de
« son procès.

« Ces deux vérités s'établissent :

« 1º Par mon vote bien connu.

« 2º Par l'ouvrage de Monsieur le Chevalier Foulaine inti-
« tulé « *Louis XVI et ses défenseurs* ».

Et Bordas énumère, à nouveau, la série des arguments en sa faveur, déjà cités, tout au long, dans ses réclamations au Ministère des Finances.

Il ajoute, en terminant : « le 24 janvier 1831, j'écrivis au
« Ministère des Finances qui, après s'être assuré que je n'étais
« pas inscrit sur les registres du Trésor, prit la peine d'adres-
« ser ma lettre à Monsieur le Ministre de la Justice...

« Je joins à ma lettre la réponse du Ministre et la réinscrip-
« tion de ma pension.

« Le Ministère ne peut m'opposer mon silence pendant
« 15 ans, parce que j'ai réclamé du Gouvernement pendant le
« même temps toute la Justice qui m'était due ».


C'est ainsi que, dans tous ses écrits et jusqu'à son dernier
jour, il ne cessera de protester contre ceux qui ont voulu le
qualifier de régicide, parce qu'il avait dû partir en exil.


Dans tous les ouvrages traitant du procès de Louis XVI et
des votes de la Convention, il est établi et confirmé, de façon
irréfutable, que BORDAS, en effet, ne doit pas être considéré
comme un régicide, mais en réalité comme une victime de l'interprétation de l'article 7 de la loi du 10 janvier 1816.

Pour énumérer quelques-uns des résultats probants de nos
recherches, nous attesterons, en conséquence que, dans le
livre même du Chevalier de FOULAINE invoqué par BORDAS
« *Louis XVI et ses défenseurs* » publié en un volume in-8, en
deux parties, chez PLANCHER à Paris, en 1817-1818, nous retrou-
vons très complètement et strictement reproduites les attestations auxquelles en réfère l'intéressé.

C'est, en effet, notamment dans la note circulaire adressée
par le citoyen KERSAINT, le 24 janvier 1793, aux citoyens
MANUEL, de Paris et Charles VILLETTE, de l'Oise, pages 27 et 33
de l'ouvrage précité, qu'on y lit textuellement :

« Il faut insister sur ce que Louis et sa famille soient con-

« duits en Suède sous une forte escorte commandée par douze
« de nous.

« Les citoyens ne veulent point la mort, et l'armée ne sait
« pas un mot de ce qui se passe. Si on vote la mort condition-
« nelle, ce vote sera injustement compté comme absolu. Je
« réponds des hommes dont je vous transmets la liste.

« Dire : je vote la mise en liberté serait notre devoir à
« tous, mais ce vote exaspèrerait les hommes de sang ; il faut
« un moyen indirect et évasif qui sauve l'accusé sans trop
« irriter ceux qui ont intérêt à sa perte.

« Mon idée sera acceptée par : Soulignac, Rivaud, Faye,
« Bordas, Lacroix (Haute-Vienne), etc...

Et, plus loin, dans le même ouvrage, pages 217 et 218, il
s'exprime ainsi au sujet de la défense préliminaire de
Louis XVI.

« La minorité sent qu'elle peut succomber à l'épreuve des
« appels nominaux. Elle intimide ceux sur lesquels elle a
« des doutes et elle a demandé la mise hors la loi de Kersaint,
« Rozet, Porcher, Lacroix, Faye, Sanadon, Rivaud, Becker,
« Soulignac et Vernier, parce que ces Législateurs désiraient
« que tout ministre d'un culte et quiconque aura fait pressentir
« un vote de rigueur soit récusé, *que Barrère soit sommé de*
« *déclarer s'il n'a pas menacé* Bordas *de le faire assassiner s'il ne*
« *renonçait point au projet de ramener la Députation de la Dor-*
« *dogne au modérantisme de* Meynard et à la résolution de lui,
« Bordas, de soustraire Louis à la peine capitale en votant
« d'une manière équivoque.

« Morisson, député de la Vendée, de son côté en avait fait
« l'affirmation. »


Dans le *Moniteur Universel* qui était, en réalité, l'organe
officiel du temps, il est fait mention, parmi le relevé des votes
des autres Conventionnels, de ceux émis par Bordas :

Premier appel nominal du mardi 15 janvier 1793 sur cette
question :

« Louis Capet est-il coupable de conspiration contre la
« liberté publique et d'attentats contre la sûreté générale de
« l'Etat.

« — Monsieur Bordas a voté : *Oui*, sans restrictions et sans
« motiver son opinion. »

Deuxième appel sur cette question :

« Le Jugement de la Convention nationale contre Louis
« Capet sera-t-il soumis à la ratification du peuple.

« — Bordas répond : *Non.* »

Dans le procès-verbal de la séance permanente de la Convention nationale des 16 et 17 janvier 1793, à l'appel nominal,
le troisième, sur cette question :

« Quelle peine sera infligée à Louis ?

« — Bordas répondait : « Le danger des deux opinions m'a
« persuadé que les votants n'ont eu en vue que le salut public,

« mais je crois que ce n'est pas une mesure judiciaire que
« nous devons prendre, mais une mesure politique : Je vote
« pour la Réclusion. »

Le *Moniteur Universel* rapporte de la sorte la réponse de
BORDAS au quatrième appel du samedi 19 janvier 1793 sur cette
question :

« Y aura-t-il sursis, ou non, à l'exécution du décret qui
« condamne Louis CAPET.

« — BORDAS répond : *Non.* »


C'est surtout à la suite de son quatrième vote, refusant le
sursis à l'exécution du décret condamnant Louis CAPET, qu'on
a cru devoir considérer BORDAS, en 1816, comme ayant maté-
riellement contribué, par ce vote, à l'exécution du Roi.

On pourrait dire qu'il en avait le pressentiment, car le
Conventionnel avait déjà présenté deux moyens d'excuses :

« 1º En 1793, il avait fait imprimer « *une opinion* » dans
« laquelle, s'il reconnaissait avoir voté contre le sursis, il en
« exprime ses regrets de ce qu'il n'était pas question, déclare-
« t-il, d'une commutation de peine, auquel cas il aurait voté
« pour elle avec la même énergie qu'il avait mise contre le
« vote de mort.

« 2º Il prétend qu'il était uni à Monsieur KERSAINT uni-
« quement pour tenter de sauver Louis XVI et, à l'appui de

« son insertion, il produit la lettre de Monsieur DE KERSAINT
« aux sieurs MANUEL et VILLETTE dont nous avons rendu
« compte précédemment. »

Mêmes attestations dans l'*Histoire Impartiale du Procès de
Louis XVI, ci-devant roi des Français, ou recueil complet et
authentique de tous les rapports faits à la Convention Nationale
concernant le procès du ci-devant roi, etc.*, par L.-F. SAUFFRET,
homme de loi, auteur de la *Gazette des Tribunaux* et *Mémorial
des Corps Administratifs et Municipaux.*

A Paris, au Bureau du Journal de PERLET, 1793.

*Le Dictionnaire historique et biographique de la Révolution
et de l'Empire*, par ROBINET, énonce, dans la biographie concernant BORDAS, qu'il vota pour la réclusion et il ajoute : quoique n'ayant pas voté la mort de Louis XVI, BORDAS fut compris dans la loi d'ostracisme de 1816 et banni du territoire
français.

*L'Almanach des Gens de Bien*, pour l'année 1797, dresse
deux listes des Conventionnels.

La première concernant ceux qui ont voté la mort de
Louis XVI, et la seconde ceux qui ont voté la réclusion ; dans
cette dernière, *exclusivement,* on trouve le nom de BORDAS.

Dans *La Biographie Nouvelle des Contemporains*, par ARNAULT, publiée à Paris, en 1821, on lit dans le tome III :

« BORDAS vota pour la détention de Louis XVI contre l'appel « au peuple et contre le sursis. »

Et il conclut :

« En 1816, BORDAS, banni comme régicide, sans avoir « cependant voté la mort, dut se retirer en Suisse. »

De plus, dans le tome XXIII, pages 128, 146, 188 et 268 de l'*Histoire de la Révolution Française*, par BUCHEZ et ROUX, qui reproduit le procès-verbal même de la Convention, figure que :

Le 15 janvier, premier appel nominal sur la culpabilité du roi. BORDAS répond : *Oui*, ainsi que tous ses collègues.

— Deuxième appel sur l'appel au peuple, BORDAS le rejette ainsi que LESTERPT et GAY-VERNON.

— 16 et 17 janvier. Troisième appel sur la peine.

— BORDAS vote la détention.

Sur la quatrième question : sera-t-il sursis à l'exécution de Louis CAPET, oui ou non.

— BORDAS répond : *Non*.

Voici encore un extrait du célèbre ouvrage par un Ami du Trône : *Procès de Louis XVI, roi de France avec la liste comparative des appels nominaux et des opinions motivées de chaque membre de la Convention Nationale, suivi du procès de Marie-Antoinette.*

Votes du Député Bordas :

Louis est-il coupable?. . . . . . *Oui.*

Y aura-t-il appel au peuple?. . . *Non.*

Quelle peine sera infligée à Louis? *La détention.*

Y aura-t-il sursis ou non ?. . . *Non.*

(Tome I, page 340 de la troisième édition).


En 1836, dans la *Biographie Universelle et portative des Contemporains*, tome I, page 541, les auteurs, MM. Rabbe, Vieilh de Boisjolin et Sainte-Preuve, déclarent, de leur côté, que Bordas, banni en 1816, quoique n'ayant pas voté la mort, s'était retiré en Suisse.


Enfin, dans un ouvrage désormais rarissime, et qui est en notre possession : *Le procès de Louis XVI ou collection complète des opinions, discours et mémoires des Membres de la Convention Nationale sur le Jugement de Louis XVI et des diverses discussions qui l'ont précédé,* ouvrage édité à Paris, en 1803, chez Poncelin, Imprimeur-Libraire, rue de Hurepoix, quai des Augustins, n° 17, nous trouvons dans ce Recueil très complet tous les documents officiels du procès qui y sont reproduits et

qui confirment exactement tout ce qui a été déclaré par
Bordas ou par les différents auteurs précités qui se sont spé-
cialisés sur la question, avec l'unique souci, en dehors de tout
penchant politique, de rechercher avec preuves irréfutables à
l'appui et de proclamer exclusivement la vérité.

Ajoutons encore, pour mieux expliquer la netteté du vote
de Bordas, à propos de la culpabilité du roi (première question) que le Conventionnel Arédien faisait partie du Comité de
surveillance de l'Assemblée Nationale qui fut chargée de
dépouiller et de dresser les procès-verbaux de toutes les pièces
trouvées dans les papiers, notamment de MM. de Montmorin et
Laporte, intendants de la liste civile de l'ex-Ministre d'Aban-
court, de ceux trouvés à l'Hôtel de Massiac dans les secrétaires
du Cabinet du Roi et qu'ainsi, plus qu'un autre, il avait le
devoir de se prononcer catégoriquement.

Pour conclure, nous ne saurions donc mieux faire, pour
en terminer de notre côté et fixer une fois de plus, d'une façon
définitive, l'opinion publique, que de reproduire *in extenso* le
précis des opinions prononcées à la Tribune de la Convention
par le Citoyen Bordas, Député de la Haute-Vienne, sur la
peine à infliger à Louis XVI et sur le sursis du décret qui le
condamne à la mort (pages 95, 96 et 97 du tome IV de l'ouvrage
précité) :

Citoyens, celui-là seul est heureux, qui né sans ambition
vit et meurt avec une conscience tranquille et sans remords.
Depuis notre Révolution, j'ai suivi, j'ai étudié la conduite de
Louis XVI. J'ai été durant la législature, le témoin de ses cri-

mes, de ses faiblesses. Je le crus coupable, dès le premier usage qu'il fit pour paralyser le vœu national contre les conspirateurs, de l'arme meurtrière qu'une constitution sauvage avait placée dans ses mains. Depuis cette époque surtout, chaque jour de son existence a été souillé de quelque nouveau crime. Il n'est plus de Français qui n'en connoisse et le nombre et l'énormité et j'ai acquitté ma conscience dans ma déclaration sur la première de vos questions.

Mais j'ai été plus incertain sur le suffrage que je devois émettre sur la seconde. Accueillir ou rejeter l'appel au peuple, me présentoient des écueils également dangereux ; et je n'ai pu voir, dans ces deux opinions, que la même sollicitude pour le bonheur, pour le salut de la République.

J'ai voté contre l'appel au peuple, parce que dans les villes je craignois les intrigues des agitateurs du peuple ;

Parce que, dans les campagnes, je redoutois la trop grande influence des riches aristocrates sur les cultivateurs ;

Parce que partout je voyais des dangers pour la tranquilité ou pour la sureté publique ;

Parce que la Convention, qui avoit médité sur les pièces de conviction, qui avoit entendu l'accusé et ses conseils, me paraissoit mieux en état que la République assemblée par sections, de connoitre et d'opérer ce qui lui étoit plus utile et plus salutaire ;

Parce que j'étois persuadé que, pour conserver le Gouvernement républicain que nous avons unanimement adopté comme le seul qui puisse nous convenir, la Convention ne pouvoit et ne devoit prendre dans cette affaire que des mesures de sureté générale ;

Enfin, parce que, si, comme toute personne de bonne foi ne sauroit le méconnaitre, l'affirmative attiroit sur l'entière République la même responsabilité que la négative provoquoit et fixoit sur nos têtes, j'ai cru plus expédient de me sacrifier moi-même que de compromettre ma patrie.

Enfin, sur la troisième et dernière question, j'ai toujours cru, citoyens, que le jugement à porter contre Louis XVI étoit, et devoit nécessairement être, non un acte judiciaire, mais un remède politique, une puissante mesure de sureté générale.

Assis au milieu des représentans, je ne reconnois plus en moi que le membre du premier corps politique. Comme tel, je me suis borné à calculer les inconvénients qui résultent de l'alternative ou de conserver ou d'abréger les jours de Louis.

Le prisonnier du Temple ne m'a paru, dans mes méditations, qu'un ennemi détruit, un être nul, un homme non moins méprisé par le parti qui a précipité sa chute que par le parti qu'il vouloit ou subjuger ou dévorer.

Dans son état, dans sa situation, Louis n'a plus de liberté que celle qu'il lui faut pour prolonger ses maux, pour sentir s'accroitre ses tourmens et ses remords. Il ne peut rien faire, rien entreprendre pour nuire à la République ; et dès lors le sacrifice de sa vie ne m'a offert aucun avantage pour le salut de ma patrie.

La possession au contraire de Louis m'a paru pouvoir, au moins indirectement, servir à affirmer cette liberté pour laquelle nous avons déjà fait tant de sacrifices et sans laquelle la vie ne peut être que le fardeau le plus pesant pour l'homme qui a bien connu ses droits, et qui est digne de les exercer.

J'ai vu que le sang impur de Louis pouvoit devenir le prétexte et l'aliment d'une guerre à soutenir contre toutes les têtes couronnées ; dans le temps au contraire que Louis, gardé en otage, pouvoit encore nous ménager quelques neutralités.

Enfin, citoyens, j'ai dit : de la mort des tyrans sont toujours ressuscités de nouveaux tyrans. La mort de César engendra un despote ; à Charles I succèda un Cromwel.

La Liberté, au contraire, survéquit aux Tarquins et aux Denis dont les jours furent respectés.

Opinion sur le sursis.

Citoyens, je l'ai dit : au tribunal de ma conscience, Louis fut un parjure, un traitre, un conspirateur. Il fut le premier assassin de nos frères qui ont péri pour la défense de la Liberté.

Au tribunal de la loi un seul cri pouvoit et devoit s'élever contre Louis : la mort ! la mort !

Du premier tribunal, celui de ma conscience, partait une voix qui me crioit : « le salut du peuple Français, sa liberté, son indépendance et son bonheur sont étroitement liés à la conservation du criminel. Ne prends contre lui qu'une de ses grandes mesures que commande la sureté de tous... je votai pour la réclusion perpétuelle ».

La majorité en a décidé autrement, elle a jugé Louis à la mort. A la loi faite, la soumission est un devoir. L'amour du bien public fut mon guide dans le vœu que j'émis. Le même sentiment a inspiré celui de la majorité.

Si la Convention avoit aujourd'hui mis en question la commutation de la peine, je tiendrais encore, je l'avoue, à ma première opinion et je la défendrais avec énergie.

Mais la question sur laquelle je dois voter dans ce moment se réduisant à ces termes, y a-t-il lieu à un sursis, oui ou non ?

Je dis, tout sursis d'après les différentes motions qui ont été faites, est un véritable appel au peuple.

J'ai pour le bien, pour le repos de ma patrie, voté contre cet appel. Pour le bonheur de la République, la Convention l'a rejeté. La loi est donc portée, et il faut lui obéir.

Je dis, tout sursis est un raffinement de cruauté. Chaque minute d'existence est, pour l'homme jugé, un supplice mille fois plus déchirant que celui de la mort qui l'attend et à laquelle il ne peut plus échapper.

Je dis, du sursis proposé naissent, se perpétuent et se multiplient les divisions trop funestes à la chose publique. Cette mesure ne peut que compromettre la dignité de la Convention, troubler la tranquilité générale, devenir la source de nouveaux crimes et de nouveaux malheurs à ajouter à la somme de ceux que l'idée de cette mort m'a toujours fait redouter.

Dans cette mesure enfin je ne vois que de plus grands dangers sans espoir d'utilité pour ma patrie, et jamais je n'écouterai que mon amour pour elle.

Je vote contre le sursis.

# Bibliographie des écrits de Pardoux BORDAS

## Assemblée législative

Projet de décret proposé le 28 octobre 1791 à l'Assemblée nationale par M. BORDAS, député de la Haute-Vienne, sur les mesures à prendre pour réprimer et pour arrêter les émigrations.

(*Paris, Imprimerie Nationale* (s. d.). In-8 de 4 pages).

———

# Convention nationale

Précis des opinions prononcées à la Tribune de la Convention par le Citoyen Bordas, député de la Haute-Vienne, sur la peine à infliger à Louis XVI et sur le sursis du décret qui le condamne à mort.

(*Paris, Imprimerie Nationale*, 1798. In-16 de 7 pages).

Projet de décret, relatif à la liquidation de tous les Officiers qui ne sont pas encore liquidés, présenté au nom des Comités de liquidation et des finances par P. Bordas, député, par le Département de la Haute-Vienne. Imprimé par ordre de la Convention Nationale.

(*Paris, Imprimerie Nationale* (s. d.). In-16 de 12 pages).

Rapport et projet de décret présentés au nom du Comité de liquidation sur les étaux à boucheries et sur les privilèges des bouchers et autres marchands et artisans dits « suivant la cour » par Pardoux Bordas, député de la Haute-Vienne.

(*Paris, Imprimerie Nationale* (s. d.). In-16 de 11 pages).

Discours sur le rapport fait au nom du Comité chargé de la révision des lois contre les émigrés faisant suite à la motion d'ordre proposée par Bordas, député de la Haute-Vienne. Imprimé par ordre de la Convention Nationale.

(*Paris, Imprimerie Nationale* (s. d. an II). In-16 de 48 pages).

Rapport et projet de décret (sur la demande en remboursement des 3oo.ooo francs portés au brevet de retenue du duc de Bouillon) présentés au nom du Comité de liquidation, par M. P. Bordas, député de la Haute-Vienne. Imprimé par ordre de la Convention Nationale.

(*Paris, Imprimerie Nationale* (s. d.). In-16 de 10 pages).

Rapport et projet de décret sur la réclamation du Citoyen Hardy-Lévaré pour être admis à la liquidation de son office de receveur particulier des finances présentés (le 29 fructidor an II) par P. Bordas, Imprimés par ordre de la Convention Nationale.

(*Paris, Imprimerie Nationale* (s. d.). In-16 de 48 pages).

Rapport et projet du décret présentés au nom du Comité de liquidation (le 27 germinal an II) par P. Bordas, député de la Haute-Vienne. Imprimé par ordre de la Convention Nationale.

(*Paris, Imprimerie Nationale* (s. d.). In-16 de 3 pages).

Rapport et projet de décret présentés à la Convention Nationale au nom des Comités de liquidation et des finances (le 14 prairial an II) sur le mode de liquidation de la compagnie des étapes et envois militaires par P. Bordas, député de la Haute-Vienne. Imprimés par ordre de la Convention Nationale.

(*Paris, Imprimerie Nationale* (s. d.). In-16 de 8 pages).

Rapport et projet de décret présentés à la Convention Nationale au nom du Comité de liquidation sur le mode de liquidation des offices de la ci-devant Prévôté de l'Hôtel et autres offices de finances et militaires par P. Bordas, député du Département de la Haute-Vienne. Imprimés par ordre de la Convention Nationale (7 ventôse an II).

(*Paris, Imprimerie Nationale* (s. d.). In-16 de 7 pages).

Rapport et projet de décret relatifs aux créances sur les ci-devants économats, rentes foncières et créances sur les domaines nationaux, présentés au nom du Comité de liquidation (le 6 messidor an II) par P. Bordas, député de la Haute-Vienne. Imprimés par ordre de la Convention Nationale.

(*Paris, Imprimerie Nationale* (s. d.). In-16 de 11 pages).

217

Rapport et projet de décret de liquidation des offices de judicature et ministériels, présentés au nom du Comité de liquidation (le 29 messidor an II) par P. BORDAS, député de la Haute-Vienne. Imprimés par ordre de la Convention Nationale.

(*Paris, Imprimerie Nationale* (s. d.). In-16 de 3 pages).

Rapport présenté à la Convention Nationale au nom des Comités de liquidation et des finances (le 3 pluviôse an II) sur le mode de liquidation de tous les offices ou charges de remboursement desquels la nation se trouve chargée et qui restent à liquider, par P. BORDAS, député de la Haute-Vienne. Imprimés par ordre de la Convention Nationale.

(*Paris, Imprimerie Nationale* (s. d.). In-16 de 23 pages).

Motion d'ordre (du 27 messidor an II) sur la liquidation des dettes des émigrés condamnés ou déportés faite à la Convention Nationale par P. BORDAS, député de la Haute-Vienne. Imprimé par ordre de la Convention Nationale.

(*Paris, Imprimerie Nationale* (s. d.). In-16 de 23 pages).

Rapport et projet de décret relatifs aux offices de finances militaires, fonds d'avance et cautionnements, présentés au nom du Comité de liquidation par P. BORDAS, député de la Haute-Vienne. Imprimés par ordre de la Convention Nationale.

(*Paris, Imprimerie Nationale* (s. d. 1794). In-16 de 4 pages).

Rapport et projet de décrets présentés au nom du Comité de liquidation (le 16 floréal an II) par P. BORDAS, député de la Haute-Vienne.

(*Paris, Imprimerie Nationale* (s. d.). In-16 de 8 pages).

Rapport et projet de décret présentés au nom du Comité de liquidation (le 14 prairial an II) par P. BORDAS, député de la Haute-Vienne. Imprimés par ordre de la Convention Nationale.

(*Paris, Imprimerie Nationale* (s. d.). In-16 de 2 pages).

Rapport et projet de décret présentés au nom du Comité de liquidation (le 16 floréal an II) par P. Bordas, député de la Haute-Vienne. Imprimés par ordre de la Convention Nationale.

(*Paris, Imprimerie Nationale* (s. d.). In-16 de 16 pages).

Compte rendu à la Convention Nationale en exécution du décret du 21 Pluviôse l'an III par Bordas représentant du Peuple des dépenses qu'il a faites et de l'emploi des sommes qu'il a touchées pendant sa mission dans les départements de la Charente, de la Gironde et de la Dordogne.

(*Paris, Imprimerie Nationale*, floréal an III. In-16 de 4 pages).

Projet de décret sur l'établissement d'une Commission centrale pour accélérer la liquidation des dettes des émigrés, présenté (le 14 brumaire an III) par P. Bordas. Imprimé par ordre de la Convention Nationale.

(*Paris, Imprimerie Nationale*, brumaire an III. In-16 de 4 pages).

Rapport sur le mode de liquidation des dettes des émigrés condamnés ou déportés fait au nom des Comités de législation et des finances par P. Bordas, député de le Haute-Vienne.

(*Paris, Imprimerie Nationale*, vendémiaire an III. In-16 de 16 pages).

Rapport et projet de décret sur la liquidation de la charge ci-devant lieutenant du roi de la ville de Nantes, présentés (le 18 vendémiaire an III) par P. Bordas, député de la Haute-Vienne. Imprimés par ordre de la Convention Nationale.

(*Paris, Imprimerie Nationale* (s. d.). In-16 de 7 pages).

Rapport sur le compte rendu du comité des finances par le directeur général de la liquidation du résultat de la liquidation des offices de toute nature, des maitrises et jurandes, présenté (le 18 vendémiaire an III) par P. Bordas, député du Département de la Haute-Vienne. Imprimé par ordre de la Convention Nationale.

(*Paris, Imprimerie Nationale*, vendémiaire an III. In-16 de 10 pages et tableau).

Rapport et projet de décret relatifs aux créances sur les ci-devant économats, rentes foncières sur biens nationaux, offices domaniaux, office de la maison du ci-devant Roi et brevet de retenue présentés (le 18 vendémiaire an III) au nom du Comité des finances par P. Bordas. Imprimés par ordre de la Convention Nationale.

(*Paris, Imprimerie Nationale* (s. d.). In-16 de 7 pages).

Rapport et projet de décret concernant la fixation des indemnités dues aux fermier général et sous-fermiers des anciennes messageries présentés au nom du Comité des finances par P. Bordas, député de la Haute-Vienne.

(*Paris, Imprimerie Nationale*, messidor an III. In-16 de 18 pages).

Rapport sur le mode de liquidation des dettes des émigrés condamnés ou déportés fait au nom des comités de législation et des finances par P. Bordas, député de la Haute-Vienne.

(*Paris, Imprimerie Nationale*, vendémiaire an III. In-16 de 16 pages).

Réflexions sur le nouveau projet de constitution par P. Bordas, député de la Haute-Vienne. Imprimé par ordre de la Convention Nationale.

(*Paris, Imprimerie Nationale*, thermidor an III. In-16 de 14 pages).

Rapport et projet de décret sur le mode de liquidation des offices de la ci-devant Savoie, département du Mont-Blanc, présentés au nom du Comité de liquidation par P. Bordas, député de la Haute-Vienne.

(*Paris, Imprimerie Nationale*, messidor an III. In-16 de 4 pages).

Pardoux Bordas, député à la Convention Nationale par le département de la Haute-Vienne à ses commettants, à ses collègues.

(*Paris, Imprimerie Guérin*, rue des Boucheries (s. d.). In-16 de 26 pages).

# Missions dans plusieurs départements

Rapport présenté à la Convention Nationale par J. Borie, député de la Corrèze et P. Bordas, député de la Haute-Vienne, représentants du peuple envoyés dans leurs départements de la Haute-Vienne et de la Corrèze pour le recrutement de trois cent mille hommes. Imprimé par ordre de la Convention Nationale.

(*Paris, Imprimerie Nationale* (s. d.). In-16 de 40 pages).

Exhortation et discours adressés aux citoyens de Bordeaux, le 2 pluviôse 3ᵉ année républicaine par le représentant du Peuple Bordas en mission dans le département du Bec d'Ambès, de la Charente et de la Dordogne.

(*A Bordeaux chez Moreau, imprimeur*, rue Guillaume Tell, près les' départements (s. d.). In-16 de 15 pages.

Le titre de départ porte :
Exhortation républicaine prononcée sur la Place de la Liberté.

Liberté ! Egalité ! Le représentant du peuple Bordas au peuple Bordelais.

(*A Bordeaux, de l'imprimerie de la veuve Jean, Baptiste Cavazza*, rue des Ayres, n° 3, Placard in folio).

Arrêté du 6 nivôse an III relatif à l'approvisionnement de Bordeaux en bois de chauffage.

Discours du représentant du peuple Bordas à la Société populaire du club national de Bordeaux.

(*A la fin : à Bordeaux, de l'imprimerie du citoyen Delormel*, rue des Ayres, n° 54. In-16 de 7 pages).

Le titre de départ porte : discours prononcé par le représentant du peuple Bordas en mission à Bordeaux à la société du club National de cette ville.

Séance du 6 nivôse, 3ᵉ année républicaine.

Liberté ! Egalité : Le représentant du peuple Bordas délégué par la Convention Nationale dans les départements du Bec d'Ambès, de la Charente et de la Dordogne.

(*A la fin : Bordeaux, chez la Veuve J. B. Cavazza, imprimeur*, rue des Ayres, n° 3. In-4 de 4 pages).

Arrêté en date du 14 nivôse an III sur la police des prisons.

Le représentant du peuple Bordas en mission dans les départements du Bec d'Ambès, de la Charente et de la Dordogne aux habitants du District de Bordeaux.

(*A la fin : à Bordeaux de l'imprimerie de la Veuve J. B. Cavazza*, rue des Ayres, n° 3. In-4 de 4 pages).

Réorganisation à la date du 16 nivôse an III de l'administration du district de la municipalité et du comité de surveillance.

Convention Nationale. Compte rendu à la Convention Nationale en exécution du décret du 21 pluviôse l'an III par Bordas représentant du Peuple des dépenses qu'il a faites et de l'emploi des sommes qu'il a touchées pendant sa mission dans les départements de la Charente, de la Gironde et de la Dordogne.

(*Paris, Imprimerie Nationale*, floréal an III. In-16 de 4 pages).

---

## Conseil des Cinq Cents

Corps législatif Conseil des Cinq Cents. Projet de résolution présenté dans la séance du 3o floréal par Bordas.

*(Paris, Imprimerie Nationale*, floréal an IV. In-16 de 2 pages).

Sur les dépositions des témoins.


Projet de résolution présenté par Bordas séance du 4 prairial.

*(Paris, Imprimerie Nationale*, prairial an IV. In-16 de 3 pages).

Pour la suppression de l'arbitrage forcé.


Projet de résolution présenté au nom de la Commission nommée pour l'examen et la vérification des lois relatives à la liquidation des dettes de l'Etat sur la fixation du traitement des Directeurs par P. Bordas. Séance du 21 pluviôse an II de la République.

*(Paris, Imprimerie Nationale* (s. d.). In-16 de 3 pages).


Rapport sur les moyens les plus sûrs et les plus économiques de terminer la liquidation générale des émigrés par P. Bordas. Séance du 18 prairial an IV.

*(Paris, Imprimerie Nationale*, prairial an II. In-16 de 24 pages).

---

# Conseil des Anciens

Corps législatif Conseil des Anciens.

Remarques sur les élections par le Citoyen BORDAS. Séance du 11 germinal an IV.

.(*Paris, Imprimerie Nationale*, an IV. In-16 de 8 pages).

Opinion de P. BORDAS, député du département de la Haute-Vienne, sur la résolution du Conseil des Cinq Cents du 6 prairial an V relative aux opérations de l'assemblée électorale du département du Lot. Séance du 26 prairial an V.

(*Paris, Imprimerie Nationale*, messidor an V. In-16 de 30 pages).

Rapport fait par P. BORDAS, député de la Haute-Vienne au nom de la Commission composée des représentants LECOUTEULX, LACOSTE, DUPUCH, COMBEROUSSE et BORDAS, chargée d'examiner la résolution du 24 messidor concernant les réfugiés et déportés des colonies.

Séance du 3ᵉ jour complémentaire an V.

(*Paris, Imprimerie Nationale*, vendémiaire an V. In-16 de 16 pages).

Discours que P. BORDAS, membre des anciens n'a pu prononcer, sur la déportation des journaliste dans la séance du 22 fructidor an V.

(*Paris, Imprimerie du Bureau Central d'abonnement à tous les journaux* (s. d.). In-16 de 4 pages).

Discours de P. BORDAS député de la Haute-Vienne sur la résolution du 18 fructidor contenant les mesures générales relatives aux conspirateurs, aux émigrés, aux ministres du culte déportés, aux autorités constituées et aux dernières élections. Séance du 19 fructidor an V.

(*Paris, Imprimerie Nationale*, fructidor an V. In-16 de 4 pages).

Rapport fait par P. Bordas, député de la Haute-Vienne, au nom de la Commission composée des représentants du peuple Fourcade, Pérès (des Hautes-Pyrénées), Lacuée, Peratée (de la Manche) et Bordas sur la résolution du 4 fructidor an V, relative aux événements arrivés à Auxerre le 19 août 1792. Séance du 27 frimaire an VI.

(*Paris, Imprimerie Nationale*, nivôse an VI. In-16 de 22 pages).

Rapport fait par Bordas, député de la Haute-Vienne, sur la résolution du 5 du courant concernant le référé du Tribunal criminel du département de l'Yonne. Séance du 8 frimaire an VI.

(*Paris, Jmprimerie Nationale*, frimaire an VI. In-16 de 8 pages).

Discours prononcé par Bordas sur la résolution qui déclare que l'armée française en Italie a bien mérité de la Patrie. Séance du 27 frimaire an VII.

(*Paris, Imprimerie Nationale*, nivôse an VII. In-16 de 2 pages).

Rapport fait par P. Bordas (de la Haute-Vienne) au nom d'une commission sur la résolution du 29 floréal an VI relative au mode de procéder dans les tribunaux civils, en cas de partage d'opinions. Séance du 14 prairial an VI.

(*Paris, Imprimerie Nationale*, prairial an VI. In-16 de 8 pages).

Rapport fait par P. Bordas, député de la Haute-Vienne, au nom d'une commission composée des représentants, Isabeau, Detorcy, Roger Ducos, Thureau et Bordas, sur la résolution du 21 floréal relative au traitement des membres des tribunaux du département de la Seine. Séance du 27 floréal an VI.

(*Paris, Imprimerie Nationale*, an VI. In-16 de 8 pages).

Discours prononcé par P. Bordas, président du Conseil des Anciens. Séance du 30 ventôse, jour consacré à célébrer la souveraineté du peuple an VI.

(*Paris, Imprimerie Nationale*, germinal an VI. In-16 de 8 pages).

225

Discours prononcé par P. Bordas, président du Conseil des Anciens sur le message du Directoire exécutif, du 13 ventôse an VI, relatif à la résurrection de la République romaine et à l'entrée des Français à Rome. Séance du 15 ventôse an VI.

(*Paris, Imprimerie Nationale*, ventôse an VI. In-16 de 6 pages).

Discours prononcé par P. Bordas sur la résolution du 9 brumaire relative aux émigrés des ci-devant Comtats Venaissin et d'Avignon. Séance du 21 nivôse an VI.

(*Paris, Imprimerie Nationale*, nivôse an VI. In-16 de 18 pages).

Discours de P. Bordas, député de la Haute-Vienne sur la résolution du 27 thermidor, relative aux pères, mères et autres ascendants d'émigrés. Séance du 18 nivôse an VI.

(*Paris, Imprimerie Nationale*, nivôse an VI. In-16 de 18 pages).

Opinion de P. Bordas, député de la Haute-Vienne, sur la résolution du 26 germinal dernier concernant les co-partagants, les cautions solidaires et les cautions simples poursuivis par les créanciers des émigrés. Séance du 28 messidor an VI.

(*Paris, Imprimerie Nationale*, thermidor an VI. In-16 de 19 pages).

Opinion de P. Bordas (député de la Haute-Vienne), sur la résolution du 17 thermidor relative aux domaines congéables. Séance du 8 brumaire an VI.

(*Paris, Imprimerie Nationale*, brumaire an VI. In-16 de 14 pages).

Opinion de P. Bordas, député de la Haute-Vienne sur la résolution relative aux emprunts faits avec privilège sur les rentes.

Séance du 28 thermidor an VI.

(*Paris, Imprimerie Nationale*, fructidor an VI. In-16 de 8 pages).

Opinion de P. Bordas, député de la Haute-Vienne, sur la résolution relative aux élections. Séance du 22 floréal an VI.

(*Paris, Imprimerie Nationale*, floréal an VI. In-16 de 6 pages.

Discours prononcé par P. Bordas (de la Haute-Vienne) après la lecture du message du Directoire exécutif relatif aux premiers actes d'hostilité exercés par le roi de Naples et de celui de Turin. Séance du 16 frimaire an VII.

(*Paris, Imprimerie Nationale*, brumaire an VII. In-16 de 4 pages).


Rapport fait par P. Bordas (de la Haute-Vienne) sur la résolution du 26 brumaire, relatif aux biens indivis avec la République. Séance du 9 frimaire an VII.

(*Paris, Imprimerie Nationale*, frimaire an VII. In-16 de 14 pages).


Discours prononcé par Bordas. Séance du 13 messidor an VII.

(*Paris, Imprimerie Nationale*, messidor an VII. In-16 de 3 pages).


Discours prononcé par P. Bordas, député de la Haute-Vienne sur la résolution qui déclare que l'armée ne cesse de bien mériter de la Patrie. Séance du 7 messidor an VII.

(*Paris, Imprimerie Nationale*, messidor an VII. In-16 de 4 pages).


Discours prononcé par P. Bordas sur la résolution du 4 nivôse relative aux prises. Séance du 18 pluviôse an VII.

(*Paris, Imprimerie Nationale*, pluviôse an VII. In-16 de 18 pages).


Discours prononcé par P. Bordas, député de la Haute-Vienne sur l'adresse du Corps Législatif aux Français. Séance du 9 vendémiaire an VII.

(*Paris, Imprimerie Nationale*, vendémiaire an VII. In-16 de 6 pages).

Appendice


Un acte des *Archives des Basses-Pyrénées* (E. 846), daté du
9 mars 1440 et passé entre Pierre Tenant et Jean de Bretagne,
comte de Périgord et vicomte de Limoges, un des vainqueurs
avec Dunois de la Journée de Castillon, atteste que dès cette
époque, les Tenant étaient vassaux des vicomtes de Limoges
de toute ancienneté.

Une de leurs branches établie depuis la moitié du xvᵉ siècle
« au repaire noble de Champs, lais la ville de Saint-Yrieix » à
quelques centaines de mètres du pont actuel de Las Bordas,
y avait succédé à la maison féodale des premiers seigneurs
d'Ayen.

Sans être aussi étroitement mêlée que d'autres familles à
la vie de la ville de Saint-Yrieix elle lui avait cependant
fourni plusieurs personnages ecclésiastiques. L'un d'entre eux,
Etienne Tenant était chanoine et secrétaire du Chapitre en
1457, l'autre François, en fut le doyen de 1562 à 1567. Son
prédécesseur immédiat fut l'Abbé de Brantome, le fameux
Bourdeille qui d'ailleurs a traité Saint-Yrieix assez cavalière-
ment en l'appelant dans ses Mémoires « une vieille bicoque
en Limousin ». C'est pendant la durée du décanat de François

Tenant, que les habitants de Saint-Yrieix obtinrent du roi la création d'un échevinage.

Les Tenant de Champs disparurent au milieu du xvii<sup>e</sup> siècle, leur dernier représentant, jeune officier de cavalerie dans le régiment du marquis de Gentil de Langalerie, son cousin, ayant été tué à Steinkerque en 1692. Cependant leur famille ne disparut pas complètement.

A la suite d'un mariage de la fin du xvi<sup>e</sup> siècle, un de leurs cadets, fut substitué en partie aux biens de la branche aînée de la maison de Jumilhac, l'autre partie ayant été dévolue au marquis de Payzac. En effet, le dernier de ces Jumilhac, Jean, seigneur d'Etivaux, la Valade, La Tour, fils de François et d'Hélène de Lavergne, avait épousé en 1626 sa cousine germaine, Gabrielle Tenant de Champs.

Il n'en eut pas d'enfant et tous deux firent héritier leur neveu François Tenant de Bord, qui prit à leur suite le titre de seigneur de la Tour et d'Etivaux.

En 1789, son petit-fils, Mathieu, n'habitait plus le vieux château de la Tour, vaste construction fort lourde à entretenir.

C'était un ancien sous-brigadier de la Compagnie Ecossaise de la Garde du Corps, chevalier de Saint-Louis et déjà âgé, puisque né en 1722, il avait servi de 1750 à 1774. Depuis la moitié du xvi<sup>e</sup> siècle, sa famille avait par tradition servi dans la maison du Roi. En 1545, Loïs Tenant était un des « 24 archiers de la Garde Ecossaise » sous la charge du sieur de Lorges, le fameux Montgomery qui tua Henri II dans un tournoi.

En 1617, François Tenant comptait parmi les 100 gentils-hommes de Louis XIII. Enfin, aux Cent-Jours, les deux fils de Mathieu Tenant de la Tour, entrés aussitôt aux Gardes du Corps, y restèrent l'un deux ans, l'autre sept. M. de Dreux-Brézé, l'ancien grand-maître des cérémonies, leur ami, depuis le voyage de Gand, rendit témoignage des services qu'ils avaient « rendus au Roi ».

Malgré ces preuves traditionnelles de fidélité à la monarchie, malgré aussi ces sentiments personnels d'affection respectueuse pour le roi, M. de la Tour était un esprit modéré et d'opinions sinon libérales, au moins très opposées à ce qu'on nommait plus tard les idées des « ultras ».

Pendant ses séjours à Versailles, des relations de famille et d'amitié l'avaient dès longtemps mis en rapport avec des hommes aux idées nouvelles; sa mère, la marquise de Sanzillon, était née Saint-Marsault, d'une famille fort liée avec les Broglie, les Lameth, comme le rappelait naguère une correspondance d'émigration publiée dans la *Revue Hebdomadaire*. Des relations amicales avec les de Lasteyrie du Saillant, dont on connaît les origines limousines et la parenté avec les Mirabeau, l'avaient rapproché de ces derniers. Aussi dans les années qui précédèrent 1789, il fut, dans sa province et son milieu local, de ceux assez nombreux qui, tout en conservant leur respect et leurs traditions monarchiques, demandaient ouvertement des réformes.

# TABLE DES MATIÈRES



# ILLUSTRATIONS

Buste de Pardoux Bordas, par Houdon.
Maison natale de P. Bordas à Saint-Yrieix.
Liste des 61 éliminés du corps législatif.
Fac-similé des signatures de P. Bordas.
Maison où est décédé P. Bordas à Saint-Yrieix.
Sépulture de P. Bordas à Saint-Yrieix.
Cachet de la Société Populaire d'Yrieix-la-Montagne.

SORTI DES PRESSES DE
L'IMPRIMERIE BARNÉOUD
A LAVAL (MAYENNE)
= FRANCE =